新装版

神社仏閣　パワースポットで　神さまとコンタクトしてきました

桜井識子

ハート出版

源九郎稲荷神社

一の眷属は
忠誠心が厚く個性的。

伊弉諾神宮

夫婦大楠。二つの株から成り立つご神木。

籠神社

元伊勢の「ゆるキャラ」っぽい狛犬。

檜原神社

三輪山から、三輪の神様の高波動が流れてくる。

大己貴神社

困ったような微妙な表情の大黒様。

出雲大社

本殿に向かう
ご神気が満ちた参道。

パワーがもらえる
西側参拝所。

伊勢神宮

身も心も清められる
五十鈴川。

多くの神様がいる境内。

大きくて優しくて
懐の深い、力の強い
神様がいる内宮。

宮島弥山

空海さんゆかりの火を絶やすことなく守っている。

空海さんが修行したといわれる洞窟。悟りを開いた場所とも。

御厨人窟

空海さんと山岳系神様に
出会える場所。

太龍寺

新装版にあたって

本書は2015年に発売された、私にとって2冊目となる本の新装版です。ハート出版さんのご厚意で装丁が一新され、読みやすくなりました。

早いものでこの本の初版から6年がたっています。この間、私は日本中の神社仏閣をめぐって、北は北海道の知床半島から、南は沖縄の与那国島まで、あらゆる種類の神仏とお会いしてきました。おかげさまで見えない世界の知識が格段に増えました。

この本を書いた当時は西日本しか取材をしておらず、しかも参拝した寺社数もそんなに多くなかったので、見えない世界、神仏世界の知識も今ほどではありませんでした。あらためて振り返ってみると、今は真相がわかっていることでも、当時はまだそこまで到達しておりません。

しかし、その後の神仏のお導きで、わからなかったことがしっかりと解明されています。神仏は急いで詰め込むようなことはせず、それなりに時間をかけて丁寧に、順番に教えてくれているのです。

6年前に比べ、目の前に広がる見えない世界は輝きを増しています。それは私だけでなく、読者の皆様にとってもそうなのです。神仏は皆様にいろんなことを教えたいと思っていますし、皆様の世界を広げたいと考えています。

以前よりも見えない世界の理解が深まった人には、不思議な現象や、奇跡と思える出来事を起こしたりもしています。いきなり大きな出来事で驚かせるのではなく、ささやかなことから体験させる、徐々になじませるという方法が取られています。それにより本人がもっと知りたい、もっと近づきたいと思うことで、神仏アンテナが磨かれるからです。そしてそれは霊的な成長をうながします。

神様仏様は信仰心を持った人のことを、本当に大切になさっています。

私にできることはこれからも多くの神仏とお会いして、皆様へのメッセージを正しくお伝えすることだと思っています。それは神仏から皆様へのプレゼントですから、間違えることのないように、これからも精進していきたいと考えております。

桜井識子

まえがき

この本を手に取って下さってありがとうございます。

神社仏閣はありがたい神仏に会えるというだけでなく、波動の高い空間であり、パワーをいただける場所です。

自分に合った神社仏閣（ここに来るとホッとするとか、なんとなく好きだなと思う神社やお寺です）がもちろん一番いいのですが、でもせっかく行くのであれば、神社仏閣のなかでも特別に高波動のところに行きたいと思われる方も多いと思います。

この本ではそのような要望におこたえするべく、パワースポットや、高エネルギーがもらえる神社仏閣、願いを叶えてくれやすい神様仏様のご紹介をしています。

神社仏閣にいらっしゃるのはどんな神様？　どんな仏様？　とそこを知りたいと思われる方のために、私が実際に行ってお会いし、会話をした内容などをそのまま、正直に書いています。

この本では、一般的に言われているご祭神や、由緒等の記載はございません。普通の神社仏閣ガイド本とはちょっと違います。

そのかわり、そこに鎮座されている神仏の雰囲気や特徴はわかってもらいやすいのではないかと思います。ただ、住んでいる地域が関西ですので、紹介する神社やお寺は西日本に偏っています。

関東やその他の地域の方は、紹介されても遠くて行けないし……と思われるかもしれませんが、神仏との会話の中に面白い話、ためになる話などがありますので、参拝する予定がない方にも是非読んでいただきたいです。

そして、ここに書かれている神仏に興味を持たれたら、会いに行く旅行を計画してもいいと思います。神仏に会いに行くことがすでに〝吉〟の出来事ですから、そこから何かが、よい方向に変わっていくこともあります。

神社仏閣の雰囲気を感じたいということで、写真をたくさん見たいという方も少なくないと思います。しかし、スペースの都合上、どうしても多くを掲載することは不可能で、それでもできる限りの写真を載せております。

写真からなんとなくでもその神社やお寺の雰囲気を感じていただけると嬉しいです。

本書の後半の部分については、祖母に降りた神様に「直接」聞いた神棚の祀り方や柏手の打ち方などを書いています。私は、二礼二拍手一礼ではなくこのやり方で手を合わせています。

以前から質問が多かった「おふだ」についても、文章で表現するのは難しかったのですが、なんとなくでもわかっていただければと頑張って説明しています。

ブログからのお話も多少入っていますが、ほとんどが書きおろしです。

この本が、何かの気づきを得るきっかけや、運を開くお手伝いになれば……と思います。

少しでも皆様のお役に立つことができますようにと心よりお祈り申し上げます。

桜井識子

新装版　神社仏閣パワースポットで神さまとコンタクトしてきました　目次

第4章 強力なパワースポット

第5章 お遍路とは

第6章 元伊勢

第11章 神棚を持つ

第12章 人生をよりよくするために

第１章
ひっそりとパワースポット

《奈良県》源九郎稲荷神社

《福岡県》大己貴神社

《兵庫県》伊弉諾神宮

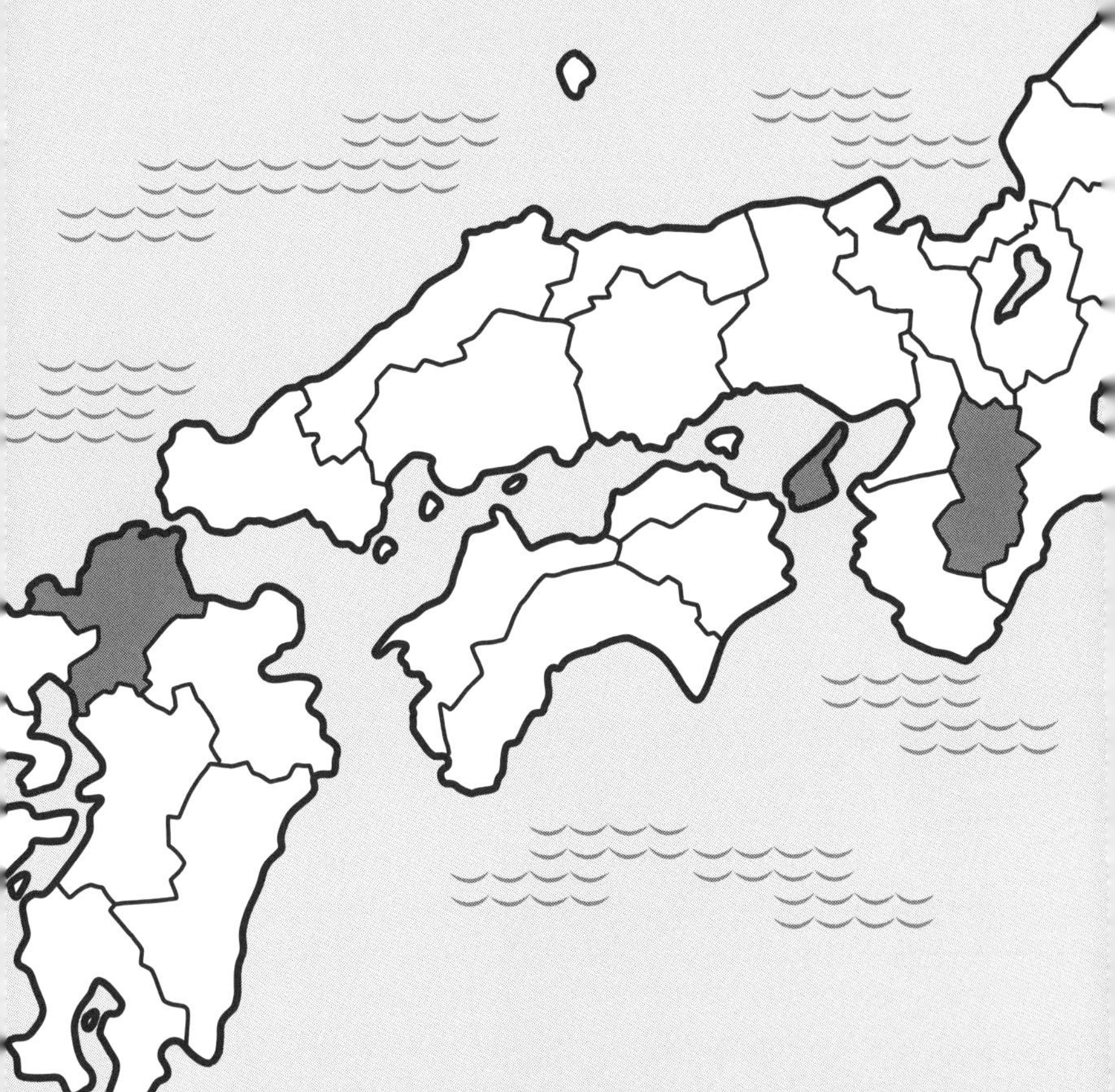

源九郎稲荷神社　義経ゆかりのお稲荷さんと個性ある眷属《けんぞく》たち

源九郎稲荷神社は奈良県大和郡山市にある小さな神社です。

私は最初、別のお寺に行くつもりでマップを見ていました。

「近鉄からのアクセスは……えっと……」と見ていたら、いきなり「源九郎稲荷神社！」と目に飛び込んできたのです。これは以前に、実りある参拝をさせてもらった、鳥取県大山《だいせん》町の大神山神社奥宮を見つけた時と同じ気づき方です。

大神山神社奥宮と大山からは強烈な磁気を感じたのですが、このお稲荷さんは「源九郎稲荷神社！」「**源九郎稲荷神社!!**」とすごい自己主張をしてきます。

「……」と、しばらく無視をして地図の別の場所を見ていたのですが、「げんくろーいなりーじんじゃあ〜！」みたいなアピールをされたので、「わ、わかりました、行きます行きます、お伺いします」と答えました。

ということで、奈良県立美術館を訪れたついでに寄ってみました。

まず、神社に入って驚きました。眷属の数がものすごく多いのです。源九郎お稲荷さんは伏見のお稲荷さんクラスまであと少しの、山岳系神様の域に近い神格です。

本殿のお鏡が置いてあるところを、どんなお稲荷さんかな？　と手を

合わせる前に柵越しにキョロキョロ覗いていると、一の眷属が「無礼な！」と怒っていました。

でも、源九郎お稲荷さんはかなり高い神格ですので、優しいです、怒ったりしません。

そこでまず先に、本に書かせてもらうかもしれない話をしました。本を読んで来てくれる人は、遠い所から来るでしょうから、一度きりしかお参りができないと思いますが、それでもいいですか？　と、ここは重要なのでハッキリお聞きしました。

すると源九郎お稲荷さんのそばにいた多くの眷属が、「！」と、全員、頭の上にビックリマークをつけたような顔をして、一斉にこちらを睨みました。

「いいわけないだろうが！」と暗に言っています。

源九郎お稲荷さんは「ワシはそのようなことにはこだわらないのだが……」と言い、私を睨みつけていた、まだ格の低い眷属たちをヨシヨシとなだめていました。

眷属たちが睨むので、「では、願掛けが叶ったらお礼には必ず行くように、と書きます」と言うと、それで納得してくれました。

一番強い一の眷属は、専用の神社に祀られてもいいくらいの力を持っています。マップから私を呼んだのは、この眷属です。

一の眷属を祀った神社を建てたら、願いはすごく叶うけどキツイお稲荷さんになりそうだなぁ、と思いました。コンスタントにお参りに来ないとは何事か！　とかいって叱られそうな雰囲気です。

私がお願い事をひとつ言うと、源九郎お稲荷さんは「具体的に言わねばわからぬな」と明るく笑っていました。

遠慮がちに抽象的にお願いすると叶えにくい、ということは知っていますが、ついやってしまいます。

たとえば、スマートになりますように、とお願いするのではなく、5キロ痩せて50キロになりますように、と数値を明らかにしたほうがいいのです。夫の給料が上がりますように、ではなく、夫の手取りが3万円アップしますように、みたいな感じです。

源九郎稲荷神社の名前の由来は、源九郎判官義経が自分の名である「源九郎」を贈った、というところからきています。このお稲荷さんが兄頼朝との戦で、義経を幾度も助けたからだそうです。

歌舞伎に「義経千本桜」という演目があります。

私は知らなかったのですが、ここに源九郎狐が登場します。

都落ちをした義経を追っていた、静御前が伏見稲荷で義経に追いつきます。しかし、静御前は同道することを許されません。義経から形見に「初音《はつね》の鼓」を渡されて置いていかれます。

義経たちを追ってきた敵方が、静御前を見つけ連れ去ろうとすると、義経の家来である佐藤忠信に化けた狐が現れて、静御前を救い出します。

それを知った義経は、狐とは知らずに忠信に褒美として、源九郎の名前と鎧を与え、静御前のお供をするよう命じます。

その後、本物の佐藤忠信が故郷の出羽から戻ってきて、忠信が2人いることがバレてしまいます。

源九郎狐は、「初音の鼓」は自分の両親の皮でできていること、その鼓が後白河法皇から義経にくだされたのを知り、親恋しさから静御前を守ってきたことを話します。

親を思う気持ちに静御前は涙し、義経も心を打たれますが、本物の忠信にこれ以上迷惑はかけられないと、源九郎狐は泣きながら姿を消してしまいます。

義経は源九郎狐を呼び戻そうと静御前に鼓を打たせますが、不思議なことにいくら打っても音が出ません。鼓にも魂が残っていて、親子の別れを悲しんでいるのだ、と義経は思います。

自分の親兄弟との縁の薄さも重なって、義経と静御前が嘆いていると、再び源九郎狐が姿を現します。そこで義経は、静御前を守った功績により「初音の鼓」を源九郎狐に与えた……とまあ、ざっとこういうお話です。

「義経千本桜」のほうは作られたお話かもしれませんが、源九郎お稲荷さんが実際に義経と関わっていたことは十分に考えられます。

しかし、こういう伝説や神話などは後付けが多いので、ただの伝説なのか実際に守っていたのか、そこを知りたいと思いました。

「義経についていたというのは本当ですか？」という疑念アリアリの質問に、またしても多くの眷属に、「！」と今度は太めのビックリマークで一斉に睨まれました。

「こやつはっ！　ぶっ、無礼なっ！」という感情が伝わってきます。

眷属の名誉のために言っておきますが、気が短いわけではないのです。

そこを疑うということは、このお稲荷さんの名前が義経由来ではないだろう、と言っているのと同じです。義経から名前を盗んだのではないか、という、考えようによっては失礼な発言をしていますから、怒って当然なのですね。親分の源九郎お稲荷さんの名誉を傷つけたことになるからです。

源九郎お稲荷さんが言うには、武運を成就させるのは難しいそうです。人殺しをよしとするわけで、積極的にはしたくないらしいです。しかし、頼みに来たからには無下にはできない、とのことでした。

頼みに来た……ということは、鼓の話は後付けのようで、でも義経を守っていたことは本当みたいです。義経が願掛けに来たのではないかと思います。

「義経には仏が……毘沙門天がついていた」と、源九郎お稲荷さんは言います。それで、源九郎お稲荷さんは運をよくするとか、神風を吹かす的な、そういう方面から義経を助けたそうです。実際の戦いの場では毘沙門天がしっかり守っていたらしいです。

私の中で、毘沙門天といえば信貴山の朝護孫子寺《ちょうごそんしじ》（奈良県）なので、え？　義経と関係あったっけ？　と思いました。

神様が適当なことを言うはずがなく、帰宅して調べたら、義経が修行をした鞍馬寺のご本尊が毘沙門天でした。おぉー、そうだ、そういえばそうだった、とすっかり忘れていたので、ここでなるほどと納得がいきました。

源九郎お稲荷さんは義経だけでなく、他の武将についていたこともあったそうですが、その者たちはわかっていなかった、と言っていました。

境内の写真を撮っていたら、それまで無風だったのに、少し風が吹いてきました。

一の眷属が力を見せてくれるとわかったので、動画撮影に切り替えて構えていると……びゅうぅー！　と強風を吹かせてくれました。提灯や御幕が大きく揺れています。

「うわー、すごいです！　全国の人にパワーを知ってもらうために、もうちょっと激しいやつをお願いします」と言うと、もう一回、びゅうぅぅー！　と突風を起こしてくれました。

境内のベンチにかぶせてあったカバー（重たそうな材質でした）も吹き飛んでいました。

もちろん、そんな突風は神社内だけです。す、すごい……と本気で驚きました。

「もっと人々が驚くようなのを、もう1回お願いします！」と張り切って3回目の動画を撮影しながら待ち構えていましたが、ピタリとやんだ風はまったく吹きません。

シーンとあたりは静かになりました。

あれ？　まだですか？　としばらく撮影を続けましたが、ピタッと止まった風は二度と吹きませんでした。

なんでこのワシが、お前ごときの指示に3回も従わねばならんのじゃ！　という気持ちだったのでしょう。ここの一の眷属はやっぱり気難しいわ〜、と思いました。

どうやら源九郎稲荷神社の宣伝のために力を見せてくれたようです。

帰りは子ギツネ（まだ修行が浅いため、子ギツネに見えます）が、ゾロゾロと私の後ろについてきます。お見送りをしてくれているのです。

ですので、参拝に行った時は鳥居を一歩出たら、振り返って子ギツネたちにお礼を言うといいです。みんなそれで満足してゾロゾロとお社に戻っていきます。その姿はキュートでかわいいです。

この神社には眷属がたくさんいるので、多くの参拝者に来てもらわなければ、眷属たちの修行が進みません。そこで私を呼んで、神社にひとりでも多くの参拝者が来るよう、本に書いて手伝え、ということだったみたいです。一の眷属のマネジメント力のすごさと有能さを感じました。

狛狐について、ネットに情報がありました。

《同社の狐は宝珠《ほうじゅ》と巻物をそれぞれくわえながら笑っているのが珍しい。「宝珠に触れば金持ちになり、巻物に触れれば賢くなる」との言い伝えがある》

こういう言い伝えを心から信じて実行する素直な人を、神様は好ましく思われます。

ですが、事前に「こういう情報を見ました、金持ちになりたいので触らせてください、賢くなりたいので触らせてください」と許可は取ったほうがいいです（心の中で大丈夫です。誰もいなかったら声に出して語りかけます）。

もちろん触る直前には「失礼します」と像に言い、触ったらお礼も言います。

眷属がたくさんいるし、源九郎お稲荷さん自身は高い神格なので、願掛けは叶いやすいです。ただし、叶えてもらったら、お礼は忘れずに行くようにします。

小さな神社ですが、なんというか味のある、素敵な神社です。おすすめです。

……とここで、源九郎稲荷神社のお話は終わりでした。さらに、この話は本の後半部分に入れていました。

ハート出版さんに原稿を送信する直前のことです。一の眷属がうちにやって来ました。神仏が緊急時以外で、人間のもとに来るのは非常に珍しいです。普通だったらありえません。

一《いち》の眷属はじぃーっと私を見て「どうしてワシらの話が、埋もれてしまうような位置なのか？」というオーラを発していました。

口に出してはいません。これは私が書く本で、私の意志が優先である、ということを知っているからです。高級霊はこうしろああしろと人間に命令や指図をしないのです。

一の眷属は「……」と黙ってこちらを見ていました。

神仏がわざわざ人間のところにやってきた、というそのお気持ちを考えると、さすがにこれは聞き入れなければ申し訳ないと思い、最初に載せることにしました。

でも、もしも私が、「順番は変えません」と言って断ったとしても、一の眷属は怒ったりせず「そうか」と帰っていたと思います。

親分を思うまっすぐな忠誠心と、子ギツネの子分たちに修行をさせてあげたい、そのためには神社を広く知ってもらわなければいけないという、ＰＲに一生懸命な気持ちが痛いほど伝わってきました。

なんだかカッコイイ眷属だなぁ、と大ファンになりました。時間をみつけてまた会いに行かせてもらおうと思っています。

源九郎稲荷神社　奈良県大和郡山市洞泉寺町１５

大己貴神社《おおなむち》　陽気な神様がくれる明るい癒やし

鳥居の横に大きく神社名が書かれた看板があります。「大己貴」という漢字は、おおむなちだっけ？　おおなむちだっけ？　と読み方を迷うところですが（私だけかもしれません）、ちゃんとふりがなが振ってあるので、正しく理解をして参拝することができます。

鳥居をくぐって進むと、小さな石橋があり、参道の脇には石垣が築かれています。ここが非常によい雰囲気なのです。古代の香りが漂っていて、空間にも古い時代からの時間の重みがあります。

どうやらここ（神社のある場所）は昔の祭祀場だったか、祈りの場だったようです。その「気」が今も残っているのです。見えない世界で見えた当時のものは、磐座《いわくら》と神籬《ひもろぎ》です。大変簡素な造りの建物の向こうに両方が見えました。正統派神社の成り立ちなのです。

境内はすがすがしくて、非常に明るいご神気が満ちています。拝殿内部の天井付近には棚が設置されており、そこに狛犬と随身《ずいしん》が置かれていました。

本殿の横には神楽殿らしき建物があって、そこに奉納されている絵が素晴らしかったです。どれも歴史があるもので、それがたくさん掲げられていました。

1枚1枚丁寧に見せてもらうと、約150年前の文久、182年前の天保7年、約200年前の文化などがありました。絵柄もバラエティに富んでいて楽しく、長く信仰されてきた神社なのだな、ということを思いました。

この神社の絵馬が縁起物で、私は最初に見た時に、絵柄に驚きました。「オンガさま」と書かれているのです。この神社の神様はこう呼ばれているそうです。

日本書紀に「大神社（おおみわのやしろ）」と書かれているらしく、そこから「大神（おおがみ）さま」と呼ばれ、それが変化して「オンガさま」になったのではないか……という説があるようです。

驚いた理由は、三峯神社（埼玉県）にいる力の強い狼の眷属、そのボスの名前が「オンガさん」だからです。三峯神社のオンガさんは子分の眷属たちに、とても尊敬されていますから、「大神さま」という意味でこう呼ばれているのかもしれません。

いや〜、それにしても衝撃的な驚きでした。神様関係で同じ呼び名が存在していたということと、「オンガさん」にちゃんとした意味があった、ということがです。

話を絵馬に戻しまして、縁起物だったので元夫や息子の分などを含め、4枚購入したいことを授与所にいた神職さんに言いました。しかし、授与所には1枚しかありません。そこで、神職さんが在庫を取りに行かれたのです。

普通だったら、奥の部屋とか、事務所とか、そういうところから持ってくると思うのですが、神職さんは授与所を出て、どこかへ走って行きました。「どこに取りに行かれるのかな？」と見ていたら……なんと！　本殿に行かれたのです！

在庫を置いているのが本殿なのですね。授与品は授与所に出されるまで、ずっと神様のおそばに置かれているわけで、ますます縁起がいいです。お値段は500円でした。

本殿をぐるりと右から後ろにまわると、本殿向かって左奥に大黒さんの像があります。若干困ったような、気まずいような、軽く引きつったような、微妙な表情です。大黒像ですから、珍しいお顔だな、と思いました。

大黒像の横にある小道の入口には、根元からではなく幹の途中から二股になっているご神木がありますこの木のパワーが強烈でした。さらに、幹のなかほどで、たくさんの枝がむにむに〜っと広がっている木もパワーを持っていました。木がすごいパワーなのです。ちなみに小道の突き当たりは遥拝所になっていました。

遥拝所に行くまでの小道がパワースポットとなっています。正確に言うと、地面ではなくその場所のやや上空です。上空といっても空ではなくて、木々の先端あたりですが、そこに強いパワーが集中しているのです。木々の生命力のパワースポット、という感じです。

ここは小道を歩いたり、遥拝所に立ったりすることで、爽やかな木々の強いパワーをもらえます。上を向けば、たくさんのよいエッセンスを浴びることもできます。

絵馬にも大黒さんが描かれているので、神様のことについて聞いてみました。

「大黒さんで表現されているのですね。ご祭神が大己貴命（＝大国主命）となると、やっぱり大黒さんってことになるのでしょうか」
すると、神様がさきほど見た困り顔の大黒像のお姿になって、しゅっと現れました。私のすぐ横に立っています。大黒像の姿、そのままで、です。
ですから、背が低くて、袴《はかま》もぶわっと丸くなっています。
さらに大きめの打ち出の小槌も、像と同じく、上げた右手に持っています。

そして〝その姿のまま〟私と一緒に横を歩くのです。背が極端に低いので、ちょこちょこと小さな歩幅で、忙しそうに歩きます。足が短いことに加えて、袴が丸いため、それだけでも歩きにくそうです。さらに右手は上げっぱなしですから、むちゃくちゃ不自然な歩行スタイルなのです。

なぜそのお姿で？　と思いつつ黙って見ていたら、大黒像とまったく同じお顔で……ちょっと困ったような気まずいような引きつった表情で、私を見上げています。

そこで神様が言ったひとことがこちらです。

「この姿では歩きにくいのぅ……」

大爆笑しました。本気で声を出してゲラゲラ笑ったのは久しぶりです。もちろん、考えたらわかることですが、茶目っ気を出して大黒像に変身し、実際に歩いてみたら想像以上に歩きにくかった、というところでしょうか。失敗したな～、という感じで苦笑しているのです。

なんて面白い神様なのだろう、と思いました。神様も楽しそうに笑っています。人間との距離を感じさせない神様なのです。

この神社の横には「歴史の里公園」があって、

「いいところだろう？」

と目を細めて紹介していました。

「人々が古い時代に思いをはせるのはよいことだ」

とも言っていました。神功皇后《じんぐう》ゆかりの地となっているため、それをきっかけに人々が古代に興味を持つことが嬉しいみたいです。

大黒さんスタイルをやめたあとは、神話の神様の衣装を着ていました。神様はこのあたりの権力者だったようで、もとは人間です。人並み外れた優しさとユーモアを持った、ふところの深い神様です。

「大黒様になっていますから、お金の願掛けが多いのではありませんか？」

とお聞きすると、

「かまわない」

と、笑っていました。

参拝をするだけで、明るい気持ちになれる神社です。

ここの神様は神聖な力で笑わせてくれます。アハハハと朗らかに笑えば、体の芯からスッキリ爽やかになります。自分自身が好転するのです。

まだお声が聞こえない、お姿が見えないという人もちゃんと笑わせてもらっています。

この神社で、もしくは参拝後に、「ウフフ」と笑ってしまうことがあったら、微笑んでしまうようなことがあったら、それは神様に笑わせてもらっているのです。さりげなく笑わせたりもするそうですから、ポイントは気づくかどうか、になります。

初めて行く人は、参拝を始めてから～参拝後に、よく行くという人は参拝前から気をつけていると、「これだ」と気づくことができます。たとえ気づけなくても、よい効果に変わりはありませんので、心配はいらないです。

大己貴神社　福岡県朝倉郡筑前町弥永６９７の３

伊弉諾神宮《いざなぎじんぐう》　夫婦仲・人間関係を円満にするパワーをもらえる神社

伊弉諾神宮は、兵庫県淡路島にある神社です。

古くから聖域だった土地という雰囲気がある境内は、厳かながらもほんわかした柔らかい「気」が漂っています。私は早朝にここを訪れ、誰もいない境内をブラブラと心ゆくまで散策しました。

まずは拝殿で手を合わせ、その後、拝殿から本殿裏を、向かって右側から反時計回りに回ってみました。ぐるりと回って拝殿の左手に出ると、橋のような渡廊《わたろう》がありました。

そこをくぐった瞬間に、「逆回りだ」と教えられました。ここの神社は、裏を通る時は時計回りに回るのだそうです。言われた通りに、時計回りに

歩き直しました。

境内右手にある「夫婦《めおと》大楠《おおくす》」は、神々しいほどに進化している木です。

この大楠は樹齢が九百年で、もともと2株だったものが結合して1株になり、そのまま成長したそうです。この木には高級霊が宿っていて、文字通りご神木です。

樹齢が何百年となると、それなりの高級霊がその木に来て宿るのか、それとも木が、樹齢とともに自然高級霊となるべく成長・進化していくのか……どちらが正解なのかはわかりませんが、たしかに高級霊が宿っていました。

2つの株（生命）が合わさって1つになり、どちらも我を出さず、穏やかに長い年月をしっくりうまくやってきた木です。つまり、このご神木はうまく調和する、バランスよくなじむことができる、そういう強い力を持っています。

大楠の正面（小さなお社がある反対側、大楠を挟んで対角線上の場所です）に立って、上を見上げると、その神々しさがよくわかります。

そこで、ボーっと木の特性を見ていたら、「お

前は触らぬのか？」と言われました。珍しいやつだな的な言い方です。

「へ？　触りませんよ？」と答えると、「おぉ、そうか」と、木は喜んだ感じになり、木の上部から和合・調和のエッセンスを振りかけてくれました。


余談ですが、ご神木はこのように人間に触られるのを嫌うことが多いです。

私は伊勢神宮外宮で非常にイライラしたオーラを感じたことがあります。はて？　これはどこから？　と回りをみたら、ご神木になっている木が発していました。

その木は、樹齢何百年とおぼしき立派な大樹で、幹も太く、高さもかなりありました。そのご神木を、数人の女性が手をつないでぐるりと囲み、全員で抱きついていたのです。ああ、それは不快だろうな、と思いました。

神社で時々、木に抱きついている人や、木を両手でペタペタ触っている人を見かけます。普通の木だったら問題はないです。ですが、ご神木に進化した木はそれをとても嫌がります。

木にしてみれば、自分の足に小さな虫がとまっているような感覚なのかもしれません。人間はそれぞれ波動を発していますので、木にはないその波動を不快に思うのかもしれないです。

抱きついている人は、木のパワーをもらおうとしているのでしょうが（木が大好き！　という人もいるかもしれません）イラッとしている木もあるので注意が必要です。

ご神木とされていても高級霊が宿っていないものもありますが、宿っているもののほうが多いです。そういう木に抱きつくということは、高級霊に抱きつくことであり、つまりはお寺で仏像に抱きつく、神社でご神体に抱きつく……のと同じ行為になります。いかに失礼かがおわかりになると思います。

逆に、抱きついたら何かバチでも当てられるのかというと、それはありません。ご神木には障りを与えるという力は備わっていないので、「ムカッ」とされても、体調が悪くなるようなことはないです。

夫婦大楠の和合・調和のエッセンスは、キラキラした霧雨のような、細かい光の粒でした。雪のように降ってくるエッセンスを浴びていると、なんともいえず心地よく、あー、気持ちいいー、と時間を忘れ、しばらくそのままで恩恵をいただきました。気づくと首が痛くなっていたくらいの長時間でしたが、たくさんのエッセンスをもらって癒やされました。

ここの神様は山岳系ではありません。

大楠からもう一度、拝殿に行くと「楠には魂が入っていただろう?」と笑いながら言われました。控えめで大人しい、謙虚な神様です。

頑張る! とか、負けない! とか、そういう前に出るタイプの神様ではないです。

たとえば、山の中で1人きりで生きるとしたら、厳しい自然と戦ったり、孤独や、自分自身とも戦わなければなりません（太古の大昔の人で想像してみてください）。

そのような場合は、頑張る！　負けない！　という気迫が必要です。

しかし、山を降り、里で村人と一緒に生きていくには、必要なものが少し変わってきます。里では皆と仲良く調和して、丸く生きていかなければなりません。孤立するとつらくなります。

そういう里暮らしを円滑にするための神様がここの神様です。

なので、この神社で、武運とか必勝祈願とかは違います。家内安全とか夫婦円満とか、職場でうまくやっていく、人間関係を良好に保つ、人と人との調和・バランスを良くするなどのお願いが叶う神社です。

私はここの神社に参拝をして、大楠にエッセンスをもらってから、元夫（現在、籍は入っていませんが、人生のパートナーとして仲良くしています）との関係が以前にも増して円満になりました。不思議なことに、それまでだとイラッとしていたことも、お互い全然腹が立たず、よって常ににこやかに過ごせるようになったのです。出会って18年（２０１５年当時）経ったというのに仲がいいよねー、とよく言われます。

職場や、利用者さんとの関係も良好で、仕事も楽しいです。

ここは、子宝祈願にも効くように思います。

夫婦が大楠のように良い波動で仲良くしていれば、イライラしたり腹を立てたりという悪い緊張や影響が体から抜け、リラックスした優しい体になって、子宝も授かりやすくなります。

人間関係がギスギスしてて改善したいとか、夫婦円満で仲良くしたいとか、そういう方におすすめの神社です。

伊弉諾神宮　兵庫県淡路市多賀７４０

第2章

奈良の神仏

《天理市》石上神宮

《桜井市》箸墓古墳

《桜井市》ホケノ山古墳

《桜井市》檜原神社

《桜井市》大神神社

石上神宮《いそのかみ》　神話の王と神使のニワトリ

石上神宮は奈良県天理市にある神社です。

以前はちょこちょこ行っていましたが、今回は久しぶりの参拝で、何年ぶり？　というくらいご無沙汰していました。拝殿でご挨拶をして本に書く許可をもらい、それから拝殿前をぐるっと歩いて、楼門を出ます。

楼門の真正面にある石段を上った場所が私のお気に入りです。ここから拝殿に向かって右側の柵のあたりに行くと、神様のエネルギーが流れてくるのがよくわかります。

今回は、本殿の千木からさやさやとした柔らかい「気」を幅広く流してくれたので、心ゆくまで和ませてもらいました。

ゆったりとくつろいだ気分でいると、私のすぐ横で何かが「ウググー」とすごい声で鳴きました。なっ、何っ？　と慌てて目を開けたら、茶色いニワトリが1羽、いつの間に来たのか、私の足もとにいました。

ニワトリは至近距離で、私に向かって、バサバサバサッと3回、大きく羽ばたきました。羽ばたき終えると、「ふー、私のお役目、終わったわ」とばかりにくるりと背を向け、スタスタと歩

いていきました。

この神社のニワトリは神使《しんし》です。しかもニワトリは夜明けを告げる鳥です。暗い夜の闇を祓って明るくすがすがしい光を呼ぶ鳥なのです。

その鳥が私に向けて羽ばたいたということは、私にまとわりつく闇を祓い、光を呼び込んでくれたということになります。

縁起のよい歓迎のサインで、なんだか嬉しくなり、そのニワトリについて行きました。茶色いニワトリはトコトコと歩いて、摂社拝殿に登りました。

この拝殿は国宝なのですが（もちろん立ち入り禁止です）、ニワトリは優雅に拝殿の縁側を歩いていきます。ニワトリは入ってもＯＫなのね～、とほっこりしました。

ほのぼのとしていたら、ニワトリは急に縁側から飛び降りて、すごい勢いでタッタッタッと走り始めました。ど、どうしたん？　何？　と思ったら、ミミズを見つけて食べていました。美味しいエサにありつけて、ニワトリはご機嫌でした。

神様の仕事を手伝ったので、ご褒美をもらったのかもしれません。いいなぁ、癒やされるなー、と思いました。

この摂社エリアは、私はいつもどのお社にも手を合わせず帰っています。この日も「天神社」の文字が目に入りましたが、別に参拝しなくていいか、と思いました。

すると、なんの実なのかわかりませんが、急にポトポトポトと落ちて音がし始めました。無視していると、ずっとポトポトうるさいのです。ついに「入ってこい」と言われたので、とりあえず天神社のところから入ると、「右回りだ」と聞こえました。

言われるままに、「出雲建雄神社」の裏を通って、出雲建雄神社の前から出ました。意味はよくわかりませんでしたが、あの場所は天神社の前の階段を上がって右回りに回るといいのかもしれません。

石上神宮は早朝に参拝するのがベストです。ニワトリたちが癒やしをくれます。縁起の良い神使に囲まれる、というのも運を味方につける手段のひとつですので、私はここで結構長い時間、ニワトリを見ています。朝一番の7時半くらいは、シッポの長いニワトリだけしかいませんでしたが、8時半くらいになると、茶色も黒も烏骨鶏《うこっけい》も出てきます。

コケコッコー！　と、鳴くのを聞いて、まさに字の通りに鳴くのね、といつも楽しいです。

烏骨鶏は、顔が黒くてすごくかわいいのに、足の筋肉が異常なくらい発達していて、走るのがめちゃくちゃ早いです。うりゃーっ、という感じで全力疾走するのが笑えます。

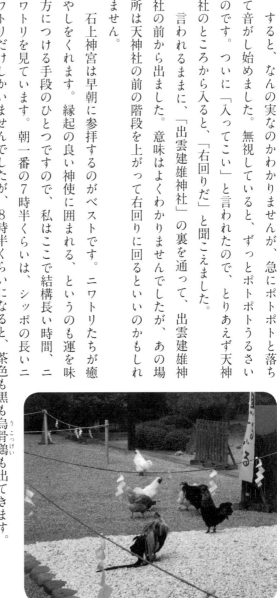

石上神宮は、剣に宿る「霊威」がご祭神と言われていますが、私には古代の服を着た男の人が見えます。剣を携えています。弥生時代なのか神話の時代なのか、時代はさっぱりわかりませんが、このあたり一帯を治めていた王でした。

戦に強いだけでなく人徳もある、立派なお方だったのです。

その王が死んで人々は嘆き悲しみ、王を祀り、篤く信仰をしました。それにより王は神様となって、この地に存在しているのです。現在言われているような剣の神社となるずっと前から、人々に信仰されていた神様なのです。

強い王だったからこそ、のちに剣の霊威をここで祀ることになったのではないか、と私は推測しています。

この神様は身体についた悪いものを剣で祓ってくれるので、シャープなスッキリ感があります。面倒見がいい神様ですし、力も強いので何でも願ってＯＫです。

石上神宮　奈良県天理市布留町３８４

箸墓古墳《はしはか》　古代巫女が語る女性の神聖さの秘密

箸墓古墳は、奈良県桜井市にある前方後円墳です。

宮内庁により「大市墓《おおいちのはか》」として第7代孝霊天皇皇女の倭迹迹日百襲姫命の墓に治定されていま

す。

私がこの古墳に興味を持ったのは、卑弥呼の墓かもしれないという説があると知ってからです。どんな人が眠っているのか、感じてみたいと思いました。

箸墓古墳周辺には車を停めるスペースがなく、駐車するのに苦労しました。なんとか車を停めてあとは徒歩で、向かいに幼稚園がある場所から細い道を入っていき、御陵の前に出ました。

正面から挨拶をしようとして、はて？　被葬者の名前はなんだっけ？　となりました。

「倭迹迹日百襲姫」の読み方をしっかり覚えていなかったのです。まぁいいか、と適当にうろ覚えだった名前を言ってみました。

「やまとととももそそ姫さま、こんにちは！」（正しくは、やまとととひももそひめ）

すると、いきなり「ちゃんと覚えてこぬか！」と大声で怒鳴られました。

ひぇー！　女性なのに気が短いのねー、と思いましたが、そこ

は失礼な私が悪いので謝りました。

「こやつは、この私に対してなんと無礼な……」という雰囲気でしたが、私が謝ったのでしぶしぶ許してくれました。

しかし、正しい名前を教えてくれません。どう呼びかけていいのかわからず、一応謝ったことだし、許してくれるだろう、とふたたび間違った名前で語りかけました。

「やまとととももそそ姫さま、私は桜井識子という名前で本を書いておりまして……」という1回目の呼びかけは黙って聞いていました。

けれど、次に「そこで、やまとととももそそ姫さまにいろいろとお話を……」と2回目に言った時に、我慢ができなかったのでしょう、〝やまととヒももそ媛〟である！　と教えてくれました。

それが優しく教えてくれたのではなく、ええい！　ウザい！　その舌を噛みそうな間違った名前で呼ぶでないっ！　という雰囲気でしたので、イライラの限界だったのだと思います。名前はしっかり憶えておくべきですね。

その後はちゃんと教えられた名前でお呼びしました。

帰宅して調べてみると、教えられた名前には、「と」がひとつ少ないことに気づきました。

「倭迹迹日百襲姫（やまとととひももそひめ）」

このように、伝わっているのは「と」が3つなのです。あれ？　聞き違いだった？　と思いました。しかし私は何回も「やまとととひももそひめ」と呼んで、本人に訂正はされていないのです。

そこでよく調べたら「日本書紀」では「倭迹迹日百襲姫（やまとととひももそひめ）」と書かれていますが、「古事記」では「夜麻登登母母曽毘売（やまとともももそびめ）」と表記されています。

古事記では教えられたように「と」は2つなのです。でも古事記には「ヒ」が入っていません。

これは本人が言うように〝やまとととヒももそひめ〟が正しいのではないか、と思います。

天皇の娘という高貴な生まれの人なので、仕方がないとは思いますが、すごく気位の高い女性です。

箸墓の名前の由来とも言える、伝説について聞いてみました。まずは、その伝説をご紹介します（長い名前は省略させてもらって、ももそ媛と書くことにします）。

ももそ媛は大物主という神様の妻でしたが、大物主はももそ媛のもとに夜にしかやって来ません。ももそ媛が朝にお姿を見たいと言うと、翌朝、大物主は櫛笥《くしげ》の中に蛇の姿で現れました。それを見たももそ媛は、予想もしなかった蛇の姿に驚き、大声で叫んでしまったのです。そのため、大物主は自分の姿を恥じて三輪山に帰ってしまいました。

夫を傷つけたことを悔やみ、座り込んだももそ媛は、その拍子に陰部を箸で突いてしまい、亡くなったということです。後悔したももそ媛が、みずから箸で陰部を突いて死んだ、と書かれているものも、少なくありません。

そこで、「箸で陰部を突いたのですか？」とストレートに聞いてみました。

すると、ため息をつくと同時に、「お前はバカか……」と呆れた雰囲気をありありと出し、続けて「するわけがないであろう、お前はするのか？」と言われました。

「いや、しません」と、キッパリ即答すると、だろっ？　みたいな空気でしたが、そこは貴人ですから、丁寧に教えてくれました。

ももそ媛は殺され、そののち、剣で子宮を突かれたのだそうです。

「へぇー、殺されたのですね。どうして殺されたんですか？」

大昔は政治も戦もシャーマン（神様を降ろす巫女）がアドバイスをしていました。うまくいっていれば問題はありませんが、戦に負けたり、政策が失敗すると、シャーマンが悪い、と昔は巫女を殺していたのだそうです。

占いを間違えたから、占う力がなくなったから、神が降りてこなくなったから、などの理由をつけて殺していたそうです。

全責任は巫女にあった、とすれば、民や人臣の心が為政者から離れなくてすむだろう？　と、ももそ媛は言っていました。

たしかにそうだなぁ、この方は悲運の人だったのだ、と思いました。しかし、なぜ死んだあとに子宮を突かれたのか……そこが謎です。

「子宮があるから女は神を降ろせるのだ」

は？　えっと……？　意味がわかりません。

「男で神を降ろせる者がいるか？」

う～ん？　と考えてみましたが、私の祖父母にしても、神様を体に降ろせるのは女である祖母です。卑弥呼も女性ですし、いろいろと考えてみましたが、神様を体に降ろす、というのは女性ばかりのような気がします。

「そういえば、男性は聞いたことがないかもしれません」

「そうだろう、男は子宮を持っていないからだ」

一体何の関係が……？　と訝しく思っていると、わかりやすく教えてくれました。

・子宮は、その内部で子供を作ることができる臓器である。

・子供は、ウンチなどとは違って、魂が宿る。

・魂という霊力あるものを保持し、育める臓器が子宮。
・つまり、子宮は霊力を持った臓器なのである。
体内に、それを持っているから、神様は女性の体に降りてくることができるそうです。

へー、なるほどー、と思いました。

ももそ媛が殺されてから、剣で子宮を突かれたのは、神様を呼ぶ手段を奪うのが目的だったそうです。生きている時と同じように神様を宿さないように、神様を呼んだりしないように、そのための処置だそうです。

本人が死んだら子宮の霊力も死ぬんじゃないの？　と思いましたが、あちらの世界のことですし、私にはわからない仕組みがあるのかもしれません。

ももそ媛は長い髪の、ちょっとおばちゃん風の女性です。目が細くて、小さいです。

お世辞にも美人とは……ゴホンゴホン……あとは想像におまかせします。ヘタなことを書くと、いつかまた行った時に、「お前というやつはー！」と叱られそうで怖いです。

最後に……私の感覚では、ももそ媛は卑弥呼ではないような気がしました。ですが、神様を降ろしていたシャーマンには間違いないです。

とても頭がよく、性格は気が強くて短いけれど、お嬢様気質で素直なところもあり、私はこの女性が嫌いではありません。

また話を聞きに行くのもいいなと思っています。

箸墓古墳　奈良県桜井市箸中

ホケノ山古墳　風の場所のもう1人の巫女

ホケノ山古墳も奈良県桜井市にあり、場所は箸墓古墳のすぐ近くです。車で箸墓古墳から、檜原神社へ向かう道に、案内板があったので、ちょっと寄ってみました。

ここは「風の場所」という表現がピッタリの古墳です。ふんわりとした、優しく爽やかな風が三輪山から絶えず吹いていています。

「風」といっても、現実界の空気の風ではなくて、三輪山のエネルギーの風です。

三輪山に向かって立つと、山からこの風が吹き降りてきて、古墳の丘を通り抜けて行きます。霊体の髪の毛がサラサラなびくような、そういう感覚です。とても清々しくて穏やかな、いい気持ちになります。

ここに眠っている人は、すでにほぼ自然と一体になっていました。男の人なのですが、まったく自己主張をしないのです。自然に溶け込んでいっているので、見るのは難しいです。

女性も１人います。不思議なのは、この女性は胸の上に、腕を２本並べて置いて埋葬されています。

切断されたみたいだけど……なぜ？　と思っていると、風がささやくような感じで聞こえてきました（この人も自然と一体化されつつあるので、気配はかすかに感じられるくらいです）。

当時、シャーマンが神様の言葉を伝える方法はいろいろあったそうです。

私とももそ媛は同じシャーマンだけど種類が違う、と言うのです。ももそ媛は〝神様を体に降ろす〟方法を使い、この人は〝神様を呼ぶ〟方法を使っていたそうです。そして、来てくれた神様に〝聞く〟と言っていました。「あなたのようにね」と。

ももそ媛は体に神様を降ろすため、死後子宮を刺されましたが、種類が違うこの人は腕を切られたのです。

神様を呼ぶ儀式で合掌ができないように、柏手を打てないように、鏡を持って舞うことができないように、手を使えないようにしたのです。見せてもらった鏡の舞いは非常に重要なように思われました。つまり、死んだのちに、こういった儀式で神様を呼んだりしないよう、封じ込まれたというわけです。

箸墓古墳に先に行って話を聞いていたので、すぐに理解ができました。

この女性は気品があり、悟りをひらいたような感じで、ずっと微笑んでいました。気配も儚く、本当に風のような存在でした。ももそ媛より、少し古い時代の人だと思いましたが、寡黙な人なのでそれ以上のことはわかりませんでした。

ホケノ山古墳　奈良県桜井市箸中

檜原《ひばら》神社　元伊勢といわれるパワースポット

檜原神社は三輪山のふもとにあります。ここは、元伊勢と呼ばれていて、以前から行ってみたいと思っていました。

最初は宮中で祀られていた天照大神は、崇神天皇の御代に、笠縫邑《かさぬいむら》という場所に遷《うつ》されたと、日本書紀に書かれています。

宮中を出るにあたり、天照大神を託された人物は、崇神天皇の皇女の豊鍬入姫命《とよすきいりひめのみこと》です。笠縫邑にうつってからも、豊鍬入姫命は理想的な鎮座地を求めて各地を転々とします。

その笠縫邑ですが、現在のどこにあたるのかはっきりしておらず、8ヶ所もの候補地があります。その一つが、檜原神社というわけです。

檜原神社は良質のエネルギーに満ちたパワースポットです。三輪山から、三輪の神様の高波動が大量に流れてくるのです。

すごいなー、と思うほど山頂から流れてきます。場所がいいです。現在、神様はそこに誰もおらず、単純にパワースポットとなっています。

伊勢神宮の「気」は私には感じられませんでした。かすかにすら残っていません。

場所がすごいので、天照大神をここに祀る……というのはありそうな気はしましたが、三輪山の神様の影響が大きい土地なので、同系列の神様ならまだしも、伊勢神宮の神様をここに祀るだろうか……と疑問が湧きます。

当時は伊勢神宮の神様もまだ力が弱かったかもしれず、だったらありそうですが、やっぱりしっくりきません。笠縫邑は他の場所だったのでは？　と思います。

檜原神社
大神神社摂社
御祭神　天照大神若御魂神
伊弉諾命・伊弉冊命
例祭　二月十五日
檜原神社祭　一月十五日・八月二十八日
月次祭　毎月十五日
（御由緒）
第十代崇神天皇の御代、それまで皇居で祀られていた「天照大御神」を皇女豊鍬入姫命に託しこ檜原の地（倭笠縫邑）に遷しお祀りしたのが始まりです
その後、大神様は第十一代垂仁天皇二十五年に永久の宮居を求め各地を巡幸され、最後に伊勢の五十鈴川の上流に御鎮まり、これが伊勢の神宮（内宮）の創祀と云われる

一旦、祀っておいて、すぐにまた別の場所に遷っていただいたという、そういう可能性はありそうです。もしも、あの地に祀っているのだとしたら、ごくごく短期間だと思われます。なぜなら、神様の「気」がうまく融合しないからです。

伊勢神宮の神様から「ここは嫌じゃ」と言われそうだけどなー、と思いました。

境内には休憩用のベンチが置いてあって、のんびりとよい波動を浴びられるようになっています。

三輪の神様の波動は登山口である狭井《さい》神社でももらえますが、登山口は守っている眷属の「気」も一緒に感じてしまう人が多いかもしれません。

檜原神社は眷属がいないので、純粋に流れてくる波動・エネルギーだけを感じることができ、ふんだんに受け取れます。受け取る場所として最高なのです。少々の体調の悪さなどは治ってしまうほどの恩恵があります。

檜原神社　奈良県桜井市

大神神社《おおみわ》　神様との会話とは

大神神社も奈良県桜井市にあります。三輪山がご神体とされていて、古代から信仰されてきた神様です。

山岳系神様であり、神様自身は古いというか穏やかなお年寄り風というか、雰囲気的には仙人のような感じです。そしてよく笑います。声に出して笑うタイプではなく、ニッコリと優しく微笑むタイプです。

神社の境内は、ほわっとした柔らか〜い雰囲気でリラックスできます。

これは神様のご神気の影響もありますが、神様の分身というか弟子というか、三輪山の神様のもとで働いていて、拝殿を任されている小さな神々のありがたい影響でもあります。この小さな神々はとっても優しくて、人間を慈しむ気持ちが強いので、その思いが波動に乗って届くのです。

さて、久しぶりに参拝したこの日、大神神社に行く前に、私は古代遺跡や古墳をあちこちめぐっていました。本格的な行者以外は行かないほうがいい滝にも行っていました。

大神神社の鳥居をくぐった瞬間に、突然、差し込みがきました。私は胃腸が強いので下痢はめったにしません。1年に1回あるかないかです。猛烈な痛みにイテテテテ、とお腹を押さえながら

歩いていると、それまで晴れていたのに、空が急に曇ってきたのです。

そしてなんと雨がポツポツと降り始めました。絶対にありえない天気の急変具合です。

他に参拝している人たちも、神社の向こうは青空なのになぜ？　と、不思議やね〜、みたいな会話をしていました。

直前まで晴れていたため、傘を持っている人はなく、みんな濡れていました。

鳥居をくぐったあたりではポツポツ程度でしたが、休憩所のトイレに着く頃は（お腹が痛かったので拝殿より先に行きました）、結構ザーザー降っていました。

普通ではないこの状況は一体なんだろう……？　と思っていたら、「たくさん憑けておるの」と声が聞こえました。三輪山の神様です。わざわざ山から降りてきてくれたのです。

「えっ！　何が憑いているのですか？」と取り乱して聞きましたが、神様は何がどれだけ憑いているのか、詳細は教えてくれませんでした。

どうやらその日、大神神社へ行くまでに訪れた場所がよくなかったようです。

本格的な行者以外は行かないほうがいい滝というのは、修行場の滝で、廃寺跡にありました。修行専用の滝ですが、行の半ばで死んだ行者がたくさんいます。そして、彼らは死んだことに気づいているのかいないのか、いまだに行をしているのです。

古代遺跡と古墳めぐりもよくなかったようです。

どちらも普通に行って見るだけなら問題ないのですが、私の場合、そこで時間を遡って当時に意識を合わせるので、それがまずかったようでした。

うわぁ、何がどれだけ憑いているのだろう？　と不安になりましたが、神様が教えてくれないのは知る必要がないからです。なので、そこから先は考えるのをやめました。私に幽霊の類いはあまり憑かないので、それ以上になってはいるが、神仏の世界には入れない、そういうものが憑いていたのだと思います。

とりあえず、トイレに入りましたが、それでも痛みは取れませんでした。

その時、「雨に濡れるのは不快だし、お腹は痛いし、散々歩き回って疲れてダルいし、あー、もうここの参拝やめよう！　車に引き返そう！」と思いました。

そこで、ハッと気づいたのです。この私が、参拝をやめようなどと思うはずがなく、しかも大好きな三輪山の神様です、ありえない発想なのです。

これは何か、神様のことが苦手な低級なものが憑いている、ということがわかりました。ということは、憑いているそいつらをなんとしてでも落として帰らなければいけません。

参拝の順序を考え、拝殿は最後に行くようにして、とりあえず、久延彦《くえひこ》神社に向かいました。

ザーザー降る雨に浄化してもらいながら、久延彦神社を参拝し、その後、狭井神社を目指しました。

お腹の痛みは相変わらずありましたが、雨はザーザーからパラパラに変わり、狭井神社に到着した時はやんでいました。

狭井神社は三輪山への登山口になっています。私が行った時間は少し遅かったので、すでにその日の登山受け付けは締め切られていました。

登山口の横にはベンチが2つ置いてあります。登山をする時間がない人（往復で2時間以上かかります）や、体力に自信がない人は、このベンチに座って山のほうを向くだけでも体によい効果が得られます。山と向かい合っていると、山から波動の高い「気」が吹き下ろしてくるので、それをいただくのです。神様の山、霊山に登るという修行にはおよびませんが、ありがたい波動はいただけるので、おすすめです。何も考えず、ただひたすらボ～ッとするのがたくさん浴びるコツです。

もしかしたら登山口自体の雰囲気は、ちょっと厳しく感じてしまうかもしれません。というのは、登山口を守っている眷属が厳しいからです。

厳しい「気」を感じたら、眷属さんなのね、と気にせず、意識は山に向けるといいです。

私もその日は登山ができなかったので、ベンチで20分くらい波動をもらいました。

狭井神社には、拝殿の左から回り込むと、薬井戸があります。この霊泉は万病に効くと古くから伝えられているそうですが、蛇口から出てくる水なので、「本当？」と、失礼なことを考えてしまいました。神社によっては、普通の水を霊水としているところもあるからです。

幸い（?）にして、この時の私は腹痛がしていて、そろそろ次の下痢が来そう……という痛みと闘っていました。

さっそくコップに半分ほど水を入れてごくごくと飲みました（霊水の効きめと飲む量は関係ないので、少量でもオーケーです）。

結果から言うと、狭井神社から大神神社拝殿に戻るまでのわずかな時間で、痛みはすっかりなくなりました。二回目の下痢も来なかったです。その後も、お腹はまったくなんともありませんでした。

体内を浄化し、悪いところを治す霊水です。飲む前に「三輪の神様、どうかこの水でお腹を治してください」とお願いしたので、それがコツかもしれません。小声で口に出して言いました。

私はどこの霊水も、顔にもピタピタと塗るのですが、力が強い水の場合、２〜３日肌がツヤツヤしています。２リットルのペットボトル６〜７本に水を入れ、それをリュックに納めて帰るご夫婦を見て、ああ、しまった、私も空の容器を持ってくればよかった、と思いました。

狭井神社を出て大神神社の拝殿に戻り、手を合わせると、三輪山の神様はまだそこにおられました。

手を合わせ終えると、なんともしがたい疲労感が襲ってきて耐えられず、歩くのもやっとという状態になったので、とりあえず休憩用の椅子に座りました。そこで、スーッと意識が遠のくと同時に眠ってしまったのです。

神様が、私たち人間に何か治療をしてくれたり、特別なことをしてくださる場合、意識を抜くために眠らせることがあります。その治療というか手当てに、人間の顕在意識が邪魔だからです。

この時は、5分くらいだったでしょうか、ほんの少し眠りました。

目が覚めると、驚くことに先ほどとは全然違う体になっていました。

神様にエネルギーを充電してもらっており、それが波動の高いエネルギーなので、羽根がはえたように体が軽く、まるで違うのです。体の芯から輝く光を発しているような感じもあって、波動の高さで体が隅々までクリアになっていました。悪いものがすべて消滅していたのです。

「神仏参りを欲張ってはいかん」

一日にせいぜい2ヶ所、もしくは3ヶ所にしておきなさい、と言われました。

実は、大神神社に行く前日、私は5ヶ所の神仏

めぐりをしていました。

そしてこの日は、早朝から石上神宮、修行場の滝（廃寺跡）、古代遺跡２つ、古墳２つ、檜原神社、大神神社と、無謀ともいえるスケジュールで回ったのです。

ただ単に、観光・見物というのなら、問題ありません。ですが、私は遺跡や古墳でいちいち古代に意識を合わせていたので、そりゃ疲れて当然だなと自分でも思いました。時間を遡って古代を見たり、そこにいる見えない世界の人物に波長や波動を合わせるのは、ものすごくエネルギーを使います。

さらに、神仏と話すのも人間と話すようにはいきません。山を登っていて、神様と絶えず会話ができるわけではないのです。山岳系の神様という波動の高い存在と、人間が交信するわけですから、少し話しただけで、霊的エネルギーをものすごく消耗します。

エネルギーを消耗して疲れると、魂が勝手に会話のスイッチをオフにします。

どういうことかと言いますと、それまで神様と、たとえばリンゴについて話をしていたとします。

「リンゴはよい」「どうよいのでしょうか?」「美味しい」「そうなのですね！　他によいところを教えていただけますか?」「ハチミツと一緒にカレーにも入れられる」「へぇー！　それはすりおろして入れるのでしょうか?」と自分が聞いた、次の瞬間に、「明日は入浴介助があるから、着替えを持って行かなきゃだな」などと考えているのです。

本当に会話の途中で、瞬時に、別の思考になります。

「あのTシャツを持って行こう」とか「あれ？　あの人んちシャンプー切れてなかったっけ？」と、どんどんそっちの考えに流れていきます。

ひとしきり仕事についてあれこれ考えていると、消耗した分のエネルギーが充電できます。そうなると魂がGOサインを出し「おっと、そうそう、リンゴの話だった」と会話の続きに戻れるのです。

神様とすごく深刻な話をしていても、エネルギーが足りなくなれば「山を降りたら何を食べようかな」などと自然に考えています。つい今しがた神様に言われたことや質問したことなど、キレイさっぱり忘れてです（本当に頭の中から一瞬消えます）。直前まで、人生とは……と会話をしていたのに、です。これは本当に不思議です。

それと、もうひとつ不思議なことがあります。

読者の方からのメッセージにたまに書かれているのですが、これこれこのことをどこかの神様に聞いてもらえませんか？　という質問があります。ですが、質問もできるものとできないものがあるのです。

たとえば、Aという質問をしよう！　と思っていても、私が知らなくてもいいことだったり、知ってはいけないものだったりすると、その質問は神域で消えています。思い出せないのではなく、脳から消えているのです。神域では、不思議と聞くべきことしか頭に浮かびません。たまに、「えーっと、今日は特別に聞くことはないな」と、のんびり波動だけもらって帰ったりしますが、家に着いてから、しまった、あれも聞けばよかった、これも聞けばよかった、と質問がたくさんあったことに気がつくのです。

けれど、聞くことがたくさんあっても、神域で脳から消えてしまうのですから、それらの質問をするのは今日ではなかった、ということです。その日聞くことができなかった質問は、違う神様のところで思い出したり、２回目に行った時に質問できたりします。

そして神様とは、さきほど説明したように、四六時中、ペチャクチャとしゃべれるわけではないので、質問する数も限られてくるのです。声を聞くだけならまだしも、映像も見ると、これがもう本当にかなり消耗します。

三輪山の神様は、それを一日に何回もするものではない、とアドバイスしてくれたのでした。そして、遺跡や古墳などでは、誰とつながるのかわからないから、むやみやたらと波長を合わせてはいかん、とも言われました。波長（意識）を合わせようとすると、憑かれてしまうこともあるのです。迂闊でした。

たしかに私は前日から疲労困憊していました。朝、目覚めた時点で、もうヘトヘトだったのです。読者の皆様にたくさんのよい神様、よい仏様を紹介したい、という思いから、ちょっと無理をしていたのでした。

この日の三輪山の神様は私の甘い考えを正し、心配したり、真剣にアドバイスをしたりしたため、いつもとは違うマジメな雰囲気でした。ちょっと怒られちゃった的な気分になった私は、これ以上のことは聞けませんでした。

大神神社は拝殿前の石段の下で、ご神樹を売っています。私が行った時に見るのは、たいてい榊《さかき》とナンテンの苗木です。いつもは買わずに見るだけですが、この時に初めてナンテンを買ってみました（榊は売り切れでした）。

これが大正解でした。家の中に大神神社の「気」を持った植物がいるのはありがたいことで、神社の「気」があるため、悪いものが近づきません。そんなに強烈に放っているわけではありませんが、大神神社の「気」です。少しでも効果があります。

ナンテンを見るたびに、神社をふっと思うのも、自分の波動にとってとてもいいことです。

苗木は５００円ですが、代金は箱に入れるようになっており、お釣りはもらえませんので、ちょうどの金額を用意しておいたほうがいいと思います。

大神神社　奈良県桜井市三輪１４２２

第３章
神仏の島　宮島

大聖院
宮島　弥山

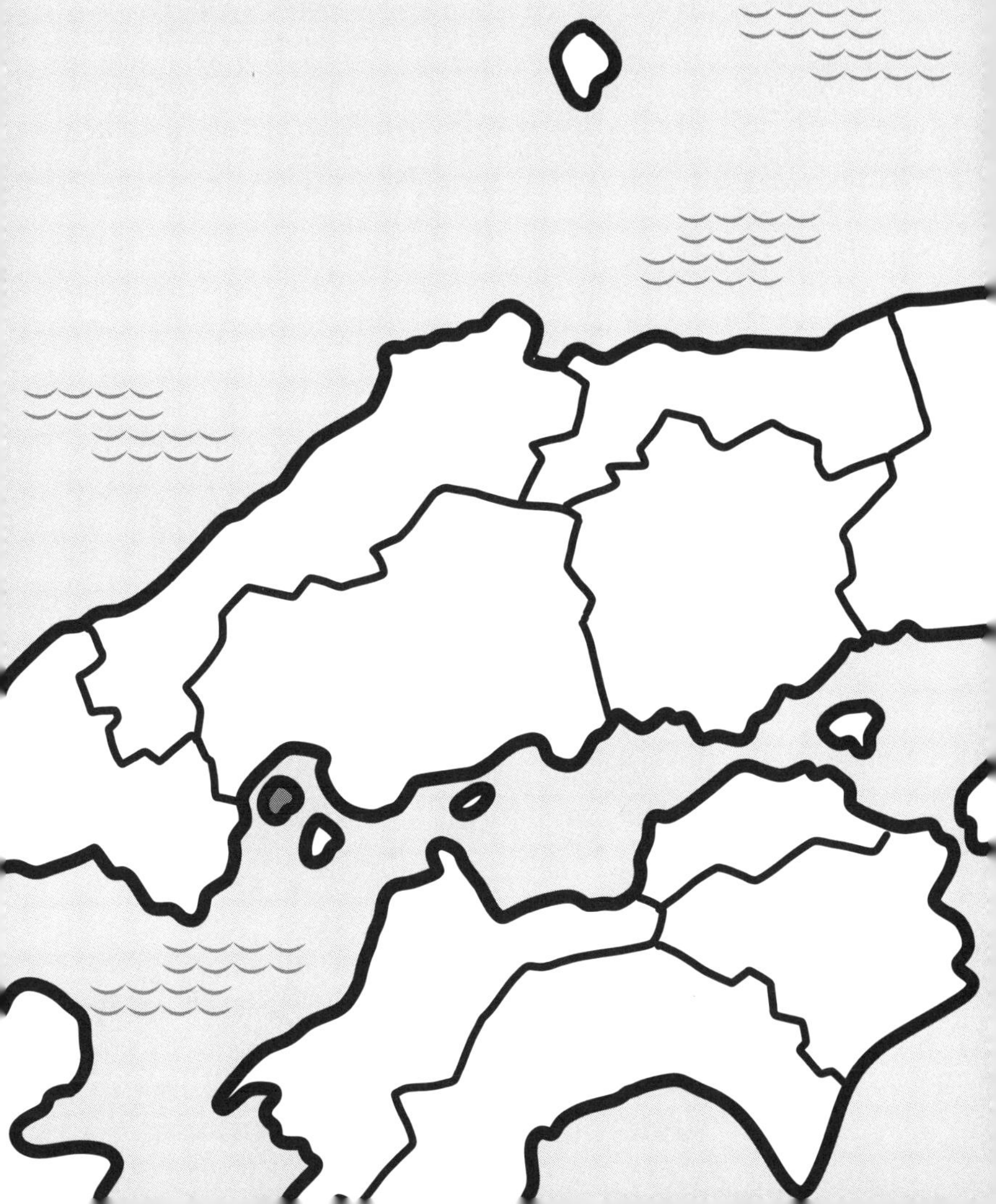

大聖院《だいしょういん》　居心地のよい空間と必勝祈願のお不動さん

大聖院は宮島にあるお寺です。厳島神社から歩いて5分くらいの場所にありますが、私はそれまで一回も参拝したことがありませんでした。

宮島を訪れる目的は厳島神社参拝のみだったので、神社にお参りしたらそれでもう終わり、みたいな感じだったのです。今回、本を書くにあたって、宮島という神仏の島をしっかり知っておくべきだと思い、行ってみました。

仁王門をくぐって石段を登るところから、包容力あふれる仏様の「気」が漂っていました。

大聖院の境内に入ると、まず目に入ってくるのは観音堂です。ここの観音堂の「気」は大変明るく翳《かげ》りがありません。観音さんもすごく優しいです。

お堂の中はとても居心地の良い空間なので、いくら座っていても飽きませんし、心が平和に、穏やかになります。観音堂に座るためだけに参詣してもいいくらいです。

パンフレットの「十一面観音」という文字を見た私は、何をどう勘違いしたのか、興福寺の阿

修羅像を想像していました。阿修羅像は三面六臂なので、正面と左右の側面にひとつずつ顔があります。

十一面観音って、あんな感じで十一個の顔があったんだっけ？　と一瞬ですが、本気で悩んでいたら、「違う、違う、頭の上に顔があるのだ」と笑いながら言われました。あ、そうそう、そうでした、とこちらも笑ってしまい、いい意味で緊張感がほぐれて仏様が身近に感じられました。十二面観音さんはいろんな場面で、いろんな方向から、いろんな方法で、人々を救うのだそうです。

観音さんの前に座って手を合わせていたら、私のすぐ左隣りで鈴が鳴りました。風鈴のような華麗な音ではなく、猫の首に着けるような、神具仏具に使用される普通の鈴の音です。

非常にハッキリとした現実の音だったので、手を合わせて目を閉じていた私は誰かが隣りに座ったのだなと思いました。カバンか何かにつけている鈴だと思ったのです。

しかし、目を開けるとそこには誰もいません。はて？　と不思議に思いました。

その後、ダライ・ラマ14世の写真を見に立って、そのへんをうろうろし、戻ってきて観音さんの前にもう一度座りました。お姿をじーっと見ていると再び左隣りで鈴が鳴ったのです。

それでも気のせいかも？　と自分に言い聞かせ、今度は長押《なげし》の上に掛けてある額縁に入れた写真を一枚一枚ゆっくり見て回りました。そして最後にもう一度、観音さんの前に座ると……またまた鈴が鳴ったのです。すべて左側です。

　本当に不思議でした。

　鈴の音で何かを祓うか、癒やしてくれたのだと思いますが、神仏は「してやった」「ありがたく思え」などと言わないので、詳細はわかりません。けれど、このあと体が非常に軽く楽になったところをみると、もろもろのよくないものを祓ってくれたみたいです。

　勅願堂《ちょくがんどう》には秀吉さんの念持仏であった波切不動明王像があります。結構、きつい物言いをするお不動さんです。厳しいです。

　パンフレットには「軍船宝丸に安置して海上安全と戦勝を祈願した」と載っていました。

　どうしてここまで荒々しい感じなのだろう、と疑問に思い、帰宅して調べてみたところ、軍船宝丸というのは朝鮮出兵時の船でした。近海をのんびり航行する船ではなかったのです。

　ああ、それでだったのか、と納得がいきました。

荒々しいほど強いお不動さんでなければ、遠海での安全は守りきれません。それで気合いの入ったパワーあるお不動さんになっているのです。

ここのお不動さんは、性質上、必勝祈願とかそういう、戦って勝つ！　系の祈願が叶いやすいです。ただし、とても厳しいので礼儀正しい参拝を心がけたほうがいいです。

大師堂は満開だったキンモクセイの芳香が漂っていて、ほんわかした優しい感じになっていました。

お堂の裏側へ回って、一願大師に祈願し、触り大師を撫で撫でしました。

四国八十八ヶ所のお砂踏み道場があったり、勅願堂右横の奥へ行く細道がとても心地よかったりして、大聖院は見どころ満載です。

凛とした厳島神社とは対照的で、柔らかい仏様の波動が印象的なお寺です。

大聖院　広島県廿日市市宮島町滝町２１０

空海さんと最澄さん　空海さんと最澄さんという仏様との出会い

私のブログを読んだことのある方は、私と空海さんとの会話に慣れていると思いますが、初めてこの本を手に取られた方は「え？　空海さんと会話ができるの？」と思われるかもしれません。

宮島とは関係がないのですが、ここでその経緯について書いておこうと思います。

空海さんが仏様（一般的な成仏をしたご先祖様ではなく、菩薩とか如来とかの仏様という意味です）であり、言葉もかけてくださると知ったのは、高野山に初めて徒歩で登った時でした。その少し前に、比叡山での不思議な体験がありました。比叡山には短期間のうちに2回続けて行ったのですが、2回目は比叡山の山中をてくてくと歩きました。

歩きながら、ふと、「ここで最澄さんを呼んだら来てくれるのかな？」と思いました。最澄さんが仏様になっているのだとしたら、声が聞こえるはずだと思ったのです。

その時の私は、仏様になっていることを知らなかったので、死んだ人間を呼ぶのは難しいため、無理だろうなという思いもありました。

すると驚くことに、すぐに現れてくれたのです。本人だとわかりやすいように配慮してくれたのでしょう、生前の一番有名な肖像画と同じお姿でした。きらびやかな法衣ではなく、地味な黒い法衣を着て、頭に白い頭巾みたいなものを被っています。とても物静かで謙虚な、控えめな感じです。

失礼のないように丁寧な自己紹介をして、どうして比叡山に来たのかを話しました。

私はそれまで高野山にはたびたび行っていたのですが、比叡山には修学旅行でしか行ったことがなく、たくさんの高僧を出した比叡山を感じてみたかった、ということを言いました。

最澄さんが、比叡山をどう思ったか？　と質問をしてきたので、私は必死で答えました。高野山との違いも自分が感じたままを話しました。最澄さんは「そうか」と、嬉しそうに、にこにこと聞いていました。

私の意見には間違った認識もたくさんあったと思うのですが、最澄さんは優しく黙って聞いてくれたのです。

私は今、ブログというものをしていて、毎日テーマを考え、文章の構成を考え、時間をかけて下書きをして、さらに推敲して文章を整えている、これがもう本当に大変なんです、という話もしました。スピリチュアルな内容であることも伝えました。

最澄さんは、ブログという現代の情報発信手段に興味を持ったようで、真剣に悩みを聞いてくれました。そして、「得意な者がいるかもしれない」と言って、どこかへ行きました。

最澄さんが行った所は、とても広い畳敷きの、昔の講堂みたいな建物の中です。そこには最澄さんの弟子と思われる僧が何百人も座っていました。

そこで見えるのがぷっつり途切れたので、私はウォーキングを楽しみ、景色をエンジョイして写真を撮ったりしました。

しばらく歩いていると、また最澄さんが現れました。１人の僧を連れています。

見たところ、30代のまだ若い僧で、ものすごく真面目なオーラを放っています。顔ははっきりとは見えません。

「ちょうえん」と聞こえたので、それが名前なのだろうと思いました。そこで2人はすうっと消えたのです。

今のはなんだったんだろう？　と思いましたが、交信はそれで終わりでした。

あちこちを見学して夕方になり、ケーブルカーで下山をするために駅に行きました。ケーブルカーのシートは2人掛けです。私は空いていたシートの窓側に座りました。

出発までまだ時間がありました。窓の外をぼんやり見ていて、前方にチラッと視線を移すと、視界の端に黒い法衣が見えます。

「お坊さんが隣りに座ったのだな」と思い、改めて隣りを見てみると、誰も座っていません。

一瞬、あれ？　と思いましたが、すぐに気づきました。

もしかして、最澄さんといたあの僧が一緒に来てるのでは……？

感覚を澄ませて集中したら、横に見えない世界の僧侶がいるのがわかりました。「一緒にうちまで来るのかな？　どうしてだろう？」と思いました。

ケーブルカーはほぼ満席で、その後も後部から人が乗ってきます。私の横は空いているというのに、誰も座ろうとせず前方へ行くのです。結局、立ってる人までいたのに、私の隣りは空席のままでした。もしかしたら、他の人には普通に見えていたのかもしれません。

京阪電車に乗り継ぎ、端っこの席に座ってた時も、横に立ってる法衣が見えました。どうやら最澄さんが、私に僧をつけてくれたようなのです。

家に帰っても気配はありましたが、この「ちょうえん」さんは一切、話をしません。

中国の人？　張燕？　という漢字が思い浮かびましたが、天台宗には円澄という僧がいたので、「澄円」さんかもしれないと思いました。ブログにもそう書きました。

この僧は最初はなじんでいなくて、いる気配がありありとわかりましたが、今では私をサポートしてくれている守護たちの中に溶け込んでしまって、気配も消えています。

「ちょうえん」さんは書く作業に関しては何も手伝ってくれませんが（書くことは私にとって修行のようなので）、テーマを決める時などに協力してくれています。

最澄さんは天台宗に限らず、見えない世界の勉強を頑張る後輩（あとに続く者）に大変優しく、懐が深いのでした……と、このような記事をブログに書いたところ、すぐに読者の方からメッセージが届きました。

その方は、「天台宗系譜略図」というものを持っているそうで、それによると、円仁さんからつながるお弟子さんに「長宴」という名前の僧侶がいるというのです。「ちょうえんさんは、この人ではないですか？」と教えてくれたのです。

私は天台宗系譜略図の存在を知らず、たとえ知ったとしてもどこで見ることができるのかわからないので、自分では一生かかっても長宴さんを探し出すことは無理だったと思います。

早速ネットで検索すると、平安時代中期の人で65歳で亡くなっているということがわかりました。私が見た時は30代の若い僧の姿でしたが、そばにいる最澄さんが50歳くらいのお姿だったので、最澄さんより年上にはできなかったのだろうと思います。最澄さんに比べれば自分はまだまだ、青二才の若造である、という謙虚な姿だったのです。

比叡山でこのようなありがたくも珍しい不思議体験をしました。

最澄さんが仏様になっているのなら、空海さんもなっているはずだ、と思った私は、次に高野山に行く時はふもとから歩いて登ろう、空海さんにも会ってみたい、と計画したのです。

高野山の極楽橋から少し山の中に入った所で、空海さんは来てくれました。見た目は頭蓋骨が丸くなくて、ゴツゴツした頭という感じです。

比叡山で最澄さんと話したことや、ブログの話もしたら、「ここでは何が欲しいのか？」と聞かれました。空海さんは霊能力の強い人だったし、密教もそういうものなので、「霊能力がもっと上がって、悪い霊なんかを一瞬でサッと祓える力が欲しいです」と言ってみました。

以前からそう思っていたわけではなく、欲しいものは何かと聞かれて、そういう力がもらえるのなら欲しいな、とその場で思いついた願いです。

すると、「一瞬でサッと祓うためには、それら低級のものが全部見えるようにならねばいかんぞ」

と言われ、「ああ、そうか、言われてみればそうだな」と思いました。

空海さんは、それは、〝能力〟ではなく、余計なものであると言います。

僧の中には厳しい修行をして、その低級なものを見る力をなくそうとしている者がいる、そして神仏とつながれるよう努力をしている、お前はすでに神仏とつながれるのだから、それ以上はいらない、と言われました。


人間にはその人をサポートする、見えない世界の存在が複数います。この存在たちはその人間が持つ、見えない世界の上級空間というか、その人個人の上への通路空間というか、次元が上のところにいます。神仏からは人間の頭上にその空間が見えています。

空海さんは私の頭上にいる、最澄さんにつけてもらった僧侶をじーっと見て「この僧はずば抜けて頭がいい、しかも控えめである、最澄はいい僧をつけてくれたな」と言いました。

「名前はちょうえんさんで合っていますか？」と聞くと「ワシにも名前は言わぬ、名乗るほどの者ではないと言うておる」とのことでした（ブログに最澄さんの話を書く前ですから、まだ〝長宴〟さんと判明していなかったのです）。

「今度、施福寺《せふくじ》に行こうと思っています」と言うと、その近くに神様がいる話をしてくれました。

いつ行くのか、と聞かれ、この日に行く予定です、と答えたら、「ワシも行こう」と言ってくれました。

空海さんとの会話に夢中になっていたら、あっという間に高野山の入口である女人堂に到着しました。そこから高野山の結界の中に入ると、それまでの山の「気」と空気がまったく違っていて、さらに高野山の匂いがしました。そのことに大感動して、「すごーい！」を連発すると、空海さんはわざと威張るような口調で「そうだろう」と言って笑っていました。

高野山内に入り、今日はどこを見ようかな、と考えていたら、「今日は大変な人出だから廟にはこなくてよい」と言われました。そしてその光景を見せてくれたのですが、御廟も金剛峯寺も、ものすごい人でごった返していました（ゴールデンウィーク中だったのです）。

裏道からメイン通りへ出てみたら、本当にすごい観光客で、その日はどちらも参拝せずに帰りました。


そして、後日、施福寺（大阪府和泉市）へ行きました。そこで空海さんと再びお会いしました。

ここの参道の途中には、空海さんが出家したお堂と、髪の毛を祀っているとされるお堂があります。出家のお堂は見ましたが、「髪の毛はいいや」と素通りしたら、「ワシの髪には力があるのにのー」と、その力をもらえないなんて残念やなぁ、みたいな冗談を言って笑っていました。

参拝を終えて下山しようとしたら、急に雨が降り出しました。

その日、体調がよくなかった私は、傘をさして山道を歩くのはつらかったので、空海さんに雨を降らせないようお願いしました。すると、雨はピタッとやんで一滴も降りません。

山門近くで、空海さんが「山門までだ」と、そばにいるのはそこまでである、と言います。ということは、その先は雨が降るんだなと思った私は、山門でリュックから折り畳み傘を取り出しました。

山門を一歩出たところで、ザーッとすごい勢いで雨が一気に降り出しました。空海さんはやっぱりすごいのだ、とそこで改めて確信しました。

冗談を言ったり、豪快に笑ったり、でも時々厳しかったり、施福寺にも付き合ってくれる優しさがあったりと、空海さんはそんな魅力ある仏様です。最澄さんもそうですが、仏様になっていますから、どちらも仏の力を持っています。

そしてコンタクトが取れるほど近くに降りてこられるのは、生前に何かしら縁があった聖域です。そこで修行をしたとか、そのお寺に滞在していたとか、そういう場所です。これ以降、あちこちで空海さんに会い、アドバイスをもらったり、いろいろと教えてもらったりしています。

神仏はこちらから心を開いていろいろと尋ねれば、丁寧に優しく答えてくれます。特に見えない世界を勉強したい、知りたいと思う人は、目をかけてもらえます。今はまだ見えなくても、聞こえなくても、何らかの方法で答えをくれるので、遠慮なく質問をするといいです。

空海さんとの会話1　人生とは低い波動の感情をコントロールすること

宮島にある山、弥山《みせん》は、古くから信仰の対象となっている山です。

私はロープウェイで上まで行ったことがあるのですが、その時はゲリラ豪雨のせいでロープウェイの駅から外に出ないまま、山を降りました。

空海さんの〝消えずの霊火《れいか》〟があるらしい、という程度の知識しかなかったので、リベンジしたいという気持ちもありませんでした。

宮島＝厳島神社、という認識でしたが、今回、登山をしてみて、弥山の神聖さに驚きました。弥山は霊山であり、その霊山が主である宮島は、神仏の島であるということがわかったのです。

平安時代に空海さんが弥山を開山した、となっていますが、私はもっと古くから、この山は霊山だったのではないかと思います。1200年程度の波動ではないからです。

空海さんが生きていた当時から霊山だったので、それで空海

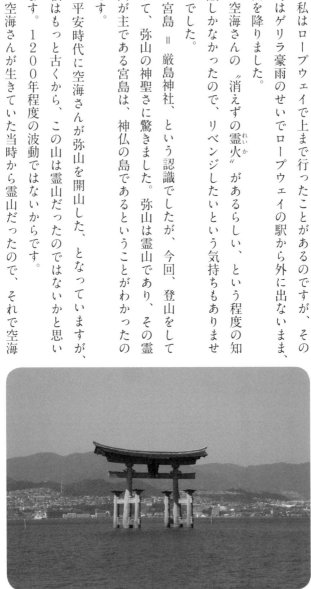

さんが修行場に選ばれたのでは？　と思います。
その空海さんと、弥山では多くのコンタクトが取れました。

　空海さんが宮島で修行をしたという史実は確認ができない、訪れた記録がない、ということですが、空海さんは弥山に降りて来ることができて、しかも高野山並みにクリアな存在でした。

　そこから推察すると、弥山は空海さんのゆかりの地であることに間違いはなく、私は、空海さんが弥山で修行したのは確実だと思っています。

　仏様があれほど鮮明に、この現実界に存在を維持させることができるのは、関係があった場所だからというだけでなく、宮島が神仏の波動を持つ島であるからです。弥山は特別なのです。

　ヒーヒー、ゼーゼー、息を切らせながら登っていると、「いつもよりバテておるの」と笑いながら空海さんが現れました。

　登山前に大聖院の大師堂で、「弥山に登ります。是非、空海さんのお姿を見せてください。お話させてください。お願いします」と手を合わせていたのです。空海さんが来てくれたのは嬉しかったのですが、この登山は本当にきつかったです。

介護の仕事はくるくる動くから運動になっているような気がしていましたが、全然そうではありません。狭い家の中を動き回ることと、長く歩く・登山をする、という運動はまったく別でした。おまけに、休日は家から一歩も出ません、という生活を送っていたので、完全な運動不足でかなりバテていました。

それに加え睡眠不足もあって、心臓がやばいのでは？　というくらい息が切れていました。「今日は……しんどいです……」と言うと、しんどいからこそ修行になると言われました。

そうなのよね、頑張れ私、と自分を励まして登っていたら、登山に慣れているっぽいおじさんに「こんにちは〜」と明るく抜かれてしまいました。おじさんは明らかに70歳を過ぎています。

私を抜いてからもおじさんはスタスタと歩き、おじさん待って〜、とひそかに歩調を合わせようとしましたが、早くて無理でした。

ああ、情けない……と思いましたが、高齢者に明るく抜かれた、息も絶え絶えなオバサンの私というその状況がおかしくてクスッと笑うと、リラックスできました。日頃からちゃんと運動をすれば、70歳を過ぎても神仏に会うために山に登れるということを、おじさんは教えてくれたのです。山に登らなければ会えない神仏もいるし、できれば一生、山には登りたいです。

そこで、ふと、こうして山に登ることができるのは、それだけでもありがたいことなのでは？　と気づきました。

足が動くから登れる、と思うと、自然と「私の足よ、ありがとう」と、足に対して頭《こうべ》を垂れるような気持ちになります。心肺機能が丈夫だから登れるし、目が見えるから登れる……と考えていくと、体のひとつひとつがどれもありがたく、感謝の気持ちでいっぱいになり、私の体よ、ありがとう、としみじみ思いました。

空海さんが、そういう感謝の念を持つことも修行の一つであり、そこに気づくことが大切である、と言っていました。

しかし、現実には波動の高い感情だけを持って生きていくことは難しいです。そこで嫉妬とか妬みとか、傲慢や、怒り、そういうネガティブな感情について聞いてみました。

人間の肉体は、肉体自体の波動が低いそうです。そこは神様に聞いて知っていましたが、空海さんはさらに丁寧に教えてくれました。

人によって差があるのではなく、物理的に低いのだそうです。人間である限りみんなそうだ、ということです。そもそも肉体という物質がそういうものらしいです。

そして人間として生まれたら、怒りの感情、嫉妬、傲慢、意地悪な部分などの負の感情も、もれなくついてくるそうです。肉体に付属しているのは、食欲や性欲だけではないと言っていました。

その備わった低い波動の感情をどうコントロールするか、が人生なのだそうです。

肉体という乗り物に魂が入った時に、魂の波動がとても高い人は（前世などでたくさん修行をし、徳を積んだ人だと思われます）、その高い波動で低い波動の感情を、ある程度相殺できるそうです。削ぐことができるのです。

最初から相殺できていれば、低い波動を自分から発することが少ないため、レベルを落とさずに生きていけます。つまり、ネガティブな感情を大きく、強く持たなくてすむということです。けれど、空海さんによると、肉体に入ってから努力してその感情を矯正した人は、もっと高度なレベルになるそうです。

そこで、空海さんが人間だった時はどうだったのだろう？　と思いました。

空海さんはそこそこいいとこの子であり、頭もとてもよかったから、傲慢とまではいかないにしても（過去世の徳でほとんど相殺されていたのではないかと思います）、かすかに優越感くらいはあったかも？　と思ったのです。すると、空海さんは「あったあった」と冗談っぽく言って、ほがらかに笑っていました（修行に入る前の、子どもの頃の映像が見えました）。

そして、こう言いました。

「生まれ落ちた時から、すでに仏、すでに神、はいない」

生まれつき持たされている負の感情をコントロールして生きていくことも、霊性を磨く修行になっているのです。私なんかは、「ンモー、腹立つー」と些細なことで思ってしまうことが多く、まだまだだと実感しました。

空海さんとの会話２　空海さんという仏様の素晴らしさ

空海さんとの会話は続きます。

高野山で初めて空海さんと交わした会話はブログに載せていますが、ブログに書いていない会話の途中で、空海さんはこう言いました。

「それが本になった時に……」

ブログに対する姿勢というか、心構えの話をしてくれていたのですが、サラッと言ったこの言葉を私は聞き逃しませんでした。

「本っ⁉　ブログが本になるんですかっ⁉」

空海さんは、微妙な空気感を出して、「……」としばし沈黙したのち、「まあ、努力していればいつかは本にもなるであろう」と一般論を言ったのでした。

たとえば本になった時に……というたとえ話を、私が本気になって受け取ったから困ったのだろう、とその時はそう思いました。まさか書籍化するとは思えなかったので、その話はそこで終わりました。ですが、今こうして振り返ってみると、あの時、仏様である空海さんには未来が見えていて、何気にごく普通にその話をした、と思えて仕方がないのです。

もしかしたら自分の未来について、その程度の見る能力は持っているだろうと思われたのかもしれません。「本になるんですかっ!?」と食いついた時の空海さんの雰囲気から、神仏は未来の出来事を人間に教えてはいけないのではないか、と思いました。

そこで、空海さんにこの時のことを話し、「本当は人間に未来を教えては……」とまだ話の途中の段階で、空海さんは「いかん」と笑いながら言い、苦笑していました。

「やっぱりそうなのですね」

「いかん、いかん」と、空海さんはさらに笑い、つい目先の未来くらいなら構わないが、遠い先はダメなのだと教えてくれました。

それであの時、私が突っ込んでしつこく聞いたら、なんだかバツが悪そうにしていたのです。うっかり人間に遠い先を教えてしまい（といっても、1年ちょっとのことなので、もしかしたらギリギリセーフの範囲なのかもしれません）、そのことを大笑いしているこの時の空海さんは、立派な尊い仏様ですが、生前の性格がそのまま表れていました。

それが魅力的で、ああ、私は本当に空海さんという仏様が大好きだな、としみじみ思いました。

そこで違う質問もしてみました。空海さんはこんなに優しく親しみやすいのに、いろんな書物を読むと、厳しいお方だと言う人が多くいます。

「お大師様はとても厳しいお方だという印象でしたが、こういう面もあるのですね」と、僧侶の方からメッセージをいただいたこともあります。

「空海さんが私に厳しくないのは、私が僧侶ではないからでしょうか?」と聞いてみました。

すると「そうではない」と言います。

お前のように、親しみやすい空海さん、と思っている人間は親しみやすいワシの面と接することができる、だが、厳しいお大師様！　と思っている人間は、そちらの面のワシと接していて、そう映ってしまう、のだそうです。

空海さんはそう言っていましたが、私個人の意見としては、お坊さんには少し厳しいのではないかと思います。私なんぞは、仏様助けてください、と一方的に助けを乞う存在で、迷い苦しむ衆生です。ですがお坊さんは、言ってみれば神仏側に立つ人間で、読経や祈祷をしたりして、仏様が衆生を救うお手伝いをします。私とは立場がまったく違います。

神仏側に立つお坊さんには、私に見せてくれるような、優しい愉快な空海さんだけでなく、仏様として厳しい空海さんも時には見せなければいけないのではないかと思うのです。

一般の人で〝厳しいお大師様〟と思っている人は、空海さんが言うように、厳しい面のお大師様としか接することができなくなるので……もったいないです。

心から帰依しつつ、敬いつつ、失礼がないようにしつつも、大好きな親しみやすい空海さん、という親近感を持っていたほうが、空海さんという仏様にもっと近づけます。

頂上に着く頃には、もう本当にしんどくてしんどくて、ひたすら無言で登りました。

空海さんが「口数が少なくなってきたのー」と笑っていましたが、もう空海さんに質問をするどころではなく、「本気でしんどいです」とゼーゼー、ヒーヒーしていると、「まだまだじゃ。甘い」と言われました。

ええーっ！　頂上までまだまだなのー！　ひー！　もうムリー！　と絶望して……左にくるりと回ると、そこに仁王門がありました。

「え……。仁王門の手前だったんじゃん……」と立ち止まっていたら、空海さんがガハガハと笑って去っていきました。ユーモアたっぷりの仏様なのです。

最後に、弥山でのエピソードをもうひとつ書きます。

仁王門を入ると、ロープウェイで登って来た観光客が多く散策していました。外国の人も多いです。

ふもとから登ってきた私は、疲れてヘロヘロになっていました。

道幅が狭い所をふうふう言って登っていると（仁王門からもまだ登ります）、上から人が降りて来ました。幅が狭くすれ違うことができないので、どちらかが道を譲らなければいけません。山では、一応、登るほうが優先となっています（いつも必ず、というわけではありません）。

私と上から来た女性が、とても狭い道でかち合いました。

私のほうが先にその部分に進入し、しかも私は登るほうだったので、先に通してくれるだろうな、と予想して歩いていると、その女性もムリヤリ道に入ってきたのです。お互いの体が接触し、体を傾けた体勢でギリギリでなんとかすれ違うという状況になりました。

疲れ果てている私にとって、無理な体勢をキープするのはかなりつらかったので、つい「ンモー、譲ってよ〜」と思ってしまいました。

その瞬間、石にけつまずき転びそうになったのです。

「おっとっと」とバランスを取っていたら、すれ違った女性が後ろから「ダイジョブ、デスカー」と言い、ああ、外国の人だったのね、と気づきました。

それがわかったところで、自分の心の狭さがクローズアップされ、ものすごく恥ずかしかったです。外国の人なら知らない日本の習慣もあるでしょうし、仮に日本人であっても、登山をしなければ山のルールはわからないのです。

それを道を譲ってくれなかったからと、たとえ一瞬でも「ンモー」と思うなんて、なんと心の狭い人間であるのか……私は……と猛反省しました。

神域で、しかも空海さんが見ている目の前で、こういう心の動きはスルーしてもらえません。思いきり気づかされて、恥ずかしい自分を認識させられ、反省させられます。

そういう部分はやはり仏様で、キッチリ正してくださるなぁ、とありがたく思いました。

宮島　弥山とは　太陽のパワースポットと消えずの霊火

弥山を歩いて登るメジャーなコースは3つありますが、私は大聖院から登る「大聖院コース」を選びました。所要時間は山頂まで約1時間です。

私は途中で、スマホにメモを取るために立ち止まることがしょっちゅうなので、1時間半ほどかかりました。石段も多く、なかなかしんどい登山です。歩いて登る人は少なくて、ほとんどの人はロープウェイを利用しています。

中腹あたりだったでしょうか、立ち止まってお茶を飲み、振り返って眼下を見たら……とても美しい景色が広がっていました。

おお、これは写真に撮らねば！　と足もとを見た時に、ちょうどよい大きさの岩があるのに気づきました。その上に乗ればアングル的にもっとキレイに撮れるかも、と思いました。すると、「乗るなよ」とそばにいた空海さんに止められました。

神仏の山である弥山の岩や石の中には、安易に乗ってはいけないものがあるそうです。乗ると、大変な失礼を働いたことになるので、容赦ない天狗に叱られることもありえます。登山をする人は気をつけたほうがいいです。

弥山の頂上には、高度なエネルギーをふんだんにもらえて、パワーチャージができ、強い力によって浄化、癒やされるパワースポットがありました。

波動が驚くほど高く、宇宙と直接つながっている場所なのかもしれないと思ってしまう、広大な力を感じる場所です。そこに立つと、1分もしないうちに滝のように汗が流れ落ちました（季節は秋でした）。

山頂の表示がある大きな岩の裏側なので、山頂側から行くと手前で下に降りるようになっており、ほとんどの人が気づかずに通り過ぎてしまいます。せっかく弥山に登ったのに、このパワースポットに立たないのは、もったいないです。

これから行くという人は是非、このパワースポットを体感してみてください。たくさんの恩恵

がもらえます。他のパワースポットでは得られないパワーもあり、これは宇宙から届くエネルギーのようです。

弥山には巨石がゴロゴロあって、その大きさ、数の多さに圧倒されます。遠い古代に宇宙人が運んだとしか考えられない大きさなのです。それが重ねて置いてあったりして、人間の力や自然の作用で偶然そうなった、というのはありえないのでは？　と興味をそそられます。

「どう見ても、これは宇宙船だよね？」という形・大きさのものもあって、「いやいや、そんなわけないし」とツッコミつつも、「でも、人間がこれをここに置くのは無理なのでは？」とも思ったりして、古代ロマンをかき立てられます。

山頂には、空海さんが焚いた火が1200年燃え続けている〝消えずの霊火〟があります。

お堂の内部は煙がもうもうと立ち込めていて、最初は多少ケホケホしますが、すぐに慣れます。ここにいるお不動さんはススで真っ黒でした。

消えずの火で温めたお白湯《さゆ》はいただけるようになっています。私もお堂の中に座って、ゆっくりと飲ませてもらいました。なんというか、五臓六腑にしみ渡る……そういう優しい波動のお白湯でした。体を「ふぅ～」と芯からリラックスさせてくれます。細胞のひとつひとつがほぐれて緩む……そんな感じで、飲むという行為なのに、温泉のように心地いいという感覚でした。

この宮島行きを計画した時、宮島の裏側は一体どうなっているのだろう？　と素朴な疑問が湧きました。裏側にもきっと神聖な場所があるに違いないと思い、ネットであれこれ調べてみました。すると、いくつかの末社があることがわかりました。

しかし、徒歩で行くには時間が足りません。レンタサイクルでも時間がかかるので返却時間に間に合いそうもなく、車で行くしか方法がないという結論になりました。そこで車ごとフェリーに乗り、行ってみました。

この体験からアドバイスをしますと、車で宮島を回るのはおすすめできません。宮島は駐車場がないところが多く、さらに道幅が大変狭いのです。

もう本当にビックリするくらい狭い道もあって、コンパクトカーなのに切り返さないと曲がれない所もありました（裏の海岸しか行かないというのであれば大丈夫です）。

島のメインの場所は観光客が多くいて、その観光客を割って進むと大勢の人に迷惑そーーーな顔をされます。すみません、ごめんなさい、申し訳ない、と車内で謝りっぱなしです。

歩行者天国のような人波の中を、車で移動するのは至難の業であり、狭い道で他の車とすれ違う時も、お互いミラーを倒してもギリギリで大変でした。車で宮島を移動することは、多くの人に迷惑をかけるのだと知りました。もう二度と車では来るまい、と心に誓うほどでした。

島の裏側は海が美しく、静かでのどかな海岸ですが、ここがパワースポットという特別な場所はありませんでした。いくつかの末社の神様は、私が行った時は不在で、通常は厳島神社におられるようです。もしかしたら何かあった時にだけ出向くシステムなのかもしれません。

自分で実際に裏側も回ってみて、厳島神社を島のあの場所に創建した理由がわかりました。あの場所が神様に居ていただくのに、一番ふさわしい土地だからです。

ネットで得た情報ですが、宮島には古くから「安芸の宮島廻れば七里、浦は七浦、七えびす」と歌われたという、七浦巡り（御島巡り）というのがあるそうです。これは末社七社を〝船で〟巡る参拝です。

末社七社の中には、船でしか行けないお社もあるので、七浦巡りは徒歩では無理なのです。

七浦巡りツアーというものがあって、何だかとてもいい波動がいただけそうな気がしたので、是非参加したかったのですが……残念ながら、このツアーは年に4回しかチャンスがありません(令和3年現在)。日程が合わず、私は泣く泣く諦めましたが、興味がある人は問い合わせをしてみてはいかがかでしょうか。主催は「宮島観光協会」です。

第４章
強力なパワースポット

《三重県》椿大神社

《高知県》御厨人窟

《香川県》金刀比羅宮

《京都府》橋立明神（天橋立神社）

《広島県》大頭神社

椿大神社《つばきおおかみやしろ》　松下幸之助さんが通った神社・縁結びの仕組みとは

椿大神社は、三重県鈴鹿市にある神社です。伊勢神宮への参拝計画中に、この神社の存在を知りました。

それが読者さんにいただいた情報だったのか、テレビで見たのか、ネットで見たのか……不思議なことに全然記憶がないのです。車で向かっている途中でも、はて？　私は何でこの神社に行こうと思ったのか？　と疑問が湧いたくらいです。

呼ばれて行ったとしか考えられず、そういう場合はすごい神様であることが多いのですが、ここの神様も例外ではありませんでした。

ちなみに、この〝呼ばれて行った〟という表現ですが、実際に神様が「そこの君、ちょっとワシの神社に来なさい」と呼んでいるわけではありません。これは言葉にするのが難しいのですが、波動に引っ張られるというか、磁石のように吸い寄せられるというか、そういう感じです。

それは、神仏側の呼びかけというよりも、自分の魂が反応しているわけで、つまり自分にとってその時そこに行くべきである、という神社なのです。

しかし、引っ張っているのは神様の波動なので、感覚的には波動に呼ばれたという印象です。

自分に「行きたい」という願望があって行くわけではないので、ついこのような表現をしてしまいますが、正確に言えば「神様の波動に磁石のように引き寄せられて、なんだか呼ばれているような気持ちになる」でしょうか。

中には「来てもよい」と、どちらかというと許可のような誘いもありますし、まれに源九郎稲荷神社のように、「おい、そこのお前、ここに来なさい、用がある」と本当に呼ばれる場合もあります。

椿大神社は境内に一歩入ったところから、すでに波動が違います。

おぉ〜、山岳系なのね、と思いつつ拝殿で手を合わせましたが、社殿には龍の気配しかしていません。一の眷属の龍が神社のすべてを任されているのです。

神様に会うためには、奥宮のある山に登らなければいけないようです。

しかし、その日の予定は、伊勢市に行って伊勢神宮の内宮・外宮を参拝し、その後、別の所にも行く計画です。時間的にどうしても無理なので、今回は神社だけをレポートしよう、と登山は諦めました。

境内には「かなえの滝」という水場がありました。この水が自然の滝ではないのに霊水なのです。これは本当に珍しいです。手を浸すと禊《みそぎ》になりますし、飲むと体の内部が浄化されます。

広い境内ですが、隅々までよいご神気、それもほんわりした弱いものではなく、力強いご神気が満ちています。

かなえの滝の水が水路となって境内を流れているのですが、流れている水路の中でもまだ霊水でした。

この神社はすごいな〜、と驚嘆しつつ歩いていると、松下幸之助さんが寄贈した茶室がありました。松下幸之助さんは、この神社の神様を信仰し、たびたび訪れていたというのです。

あの〝松下幸之助〟さんです。

このまま山に登らずに帰ってしまったら、絶対に後悔するに違いない、という確信がありました。

経営の神様の松下幸之助さんがどのような神様を信仰していたのか知りたかったのと、その神様に会いたい！　という強烈な気持ちが湧きあがってきたのです。そこで予定を変更し、山に登ることにしました。

山頂にある奥宮まではどう考えても行く時間がありません。ですが、少し登るだけでも神様はわかるので、それで十分だと思い、神社の左手から山のほうに行ってみました。

愛宕社を越えたあたりで、神様の「気」が強くなりました。

山の木々は高野山や熊野などと同じで、見た目や写真ではどの山も一緒に見えますが、肌で感じる空気は全然違います。そこにいる神仏の「気」によって違うのです。

ここもいい山だな、途中までの登山でも霊山修行一つ終了、とハンコを一個押してもらえないかな、と思っていると、「残念だが、それはならぬな」と苦笑まじりの声が聞こえてきました。

マラソンでも途中で棄権したら完走にはならないし、ま、仕方ないかと思っていると、途中までの登山でも、そこにいる神仏の波動はもらえるし、ついているよくない霊も落ちる、と言われました。

幽霊などの波動の低い低級霊は、強い神仏のいる神社や、神仏のいる山の波動に耐えられないのです。

霊山の登山は、神社の境内よりもさらに波動が高いので、幽霊よりももっと強力で邪悪な霊も落とせます。これらのものは、神仏の山に入る時に耐えられずに離れていきます。

「でも、下山してきた時に、その離れた幽霊を再び拾うのでは？」と思われるかもしれませんが、大丈夫です。神仏の山に登ると、高い神仏の波動によって、しばらくの間、自分の波動もとても高くなっているのです。その波動は日を追うごとに下がっていき、またもとの自分の波動に戻るのですが、登山直後はかなり高いです。神社を訪れるのも同じです。

波動が高い人に、低い波動の幽霊は憑くことができないので、帰りに拾うことはありません。高い波動をいただける神社参拝や霊山登山を、繰り返し繰り返し行なっていけば、自分の平常の波動も少しずつ少しずつ上がっていきます。

神様が言うには、幽霊や邪悪な霊が、もしもド根性を出してついて来たとしても、山頂まではもたず、途中で消滅してしまうとのことでした。消滅させるくらいの強烈な波動を放っているというわけです。

ここの神様には、人生のパートナーとなるソウルメイトについて聞いてみました。

ソウルメイトには〝必ず〟出会えるのかという質問に、神様は「会えない場合もある」と言います。人間の人生には予定していないアクシデントがあるから、だそうです。

それが何かということまでは言及しませんでしたが、そういうこともあるだろうと思います。「ほとんどは出会う」ということなので、あちらの世界で会おうと決めてきたソウルメイトとは、ほぼ確実に出会えると考えていいみたいです。

ソウルメイトは誰にでもいるものですが、出会うと決めてこない人もいる、とも言っていました（出会わないと決めてきたのではありません。ニュアンスが微妙に違うのです）。

そのような人は、いつもと同じ人生をやるのではなく、今回は〝新しい縁〟を作る人生、というチャレンジの一生を送る予定らしいです。

ここで知ったのですが、〝縁〟とは、知り合うとか、お付き合いを始めるといった軽い意味ではありませんでした。何年間か恋人になるとか、今世だけ夫婦になって死んだら終わり、という一時的なものではないのです。一度結んだ縁は、来世も、そしてその次の人生もずっと続いていきます。

縁とはそのような深いものを指すのであれば、そのへんの適当な人ではなく、素晴らしくよい人と結ばれたいと思うのではないでしょうか。

「だからこそ神に縁結びを願うといい」と神様は言っていました。

これこれこういう人をお願いします、と言われれば希望に合った人を探すそうですし、あの人と結ばれたい、と言われれば、その人がよい人間かどうかを見きわめて、よい人間なら縁を結ぶそうです。もしも、悪い人間だったら縁は結ばない、とのことです（相手に別の人と出会う予定がある場合も、結んでもらえないと思われます）。

新しい縁を作るための白紙の状態の人は誰とでも縁を結べるわけで、それを人間の感覚だけで選ぶのはちょっと怖いかも、と思いました。

この人かな？　あー、やっぱ嫌だわこの人、こっちの人かな？　なんか違うわー、と何人もの相手と付き合っているうちに年を取ってしまう……というのもありそうです。

やはり神仏に探してもらうのが一番だと思いました。

あちらの世界で予定をガッチリ決めてきた人は、いくら神様がよい縁のきっかけを渡したところで、結局は決めた相手と一緒になる、ということも言っていました。

しかし、私たち人間には自分に予定があるかどうかがわからないので……とりあえず縁結びはお願いしておいたほうがいいというわけです。

縁結びを願うというのはそういう深い意味だったのか、とこの時初めて知りました。それまでは、彼氏が見つかりますように、程度の軽いものだと思っていたのです。

私が興味深いと思ったのは、たとえば50歳でソウルメイトに出会う計画だとしたら、それまでの間、違う結婚をして修行をする場合もある、というお話です。

私の場合は、最初の結婚はカルマの解消だったので、私みたいなパターンもあると思います。

神様に、「ここで縁結びを願うのはOKなのですね？」と確認すると「なんなりと願いに来い」と、胸をたたくような感じで力強く答えてくれました。

パートナーという意味でのソウルメイトだけでなく、仕事関係や、友人、親子など、ありとあらゆるソウルメイトの縁結びもありだということでした。

松下幸之助さんが何をお願いされていたのかはわかりませんが、事業発展や病気平癒、学業成就、交通安全、安産祈願など、まさに何でもOKの神様です。

その話が一段落したので、私は、この神様と会話を始めた時に一度お願いしたことを、再び「このお願い事をお願いします」と、もう一度口にしました。すると、神様は苦笑しながらこう言いました。

「神に同じことを二度言わずともよいぞ」

そして「そのクセはやめなさい」とも言われました。

これは他の神様にも注意されたことがあるよくないクセなのですが、ついやってしまいます。

相手は神様なので、一回言えばちゃんと聞いています。それをつい、もう一回お願いしておこう、と思ってしまうのです。反省しました。

話のついでに、似たような質問をしてみました。

「同じ願をかけに、何回も神社に来るのはどうでしょうか？」

すると、「それは本人の心の平安のためだから構わぬ」とのことでした。

椿大神社から30分くらい登ると、キャンプ場があります。そこを過ぎてもう少し行くと、小さな川が横切るように流れていました。

「ああ、ありがたい、禊をさせてもらおう」と、その小川の上流方向にあるちょっとした滝の所まで行って、水に手を浸しました。頭頂部も清め、浄化してもらいました。本当にスッキリと気持ちがよくなって、体も驚くほど軽くなりました。

良質なエネルギーを目一杯充電してもらった感じです。

まだまだ先まで登ってみたかったのですが、これ以上は無理という時間になったので、後ろ髪を引かれつつ引き返しました。

気持ち的には、もうこのまま登山で一日潰してもいいじゃないか、登ろう、登りたい、奥宮まで行きたい！　でしたが、伊勢神宮のことを本に書くには許可を取りに行かねばならず……泣く泣く断念しました。

「いつかまた登りに来ます！　奥宮まで行きます！」と張り切って宣言しましたが、自宅からは遠いし、不便な場所にあるしで、「でも……いつになるかはわかりませんけど」と付け加えておきました。

すると「構わぬ。死んでからでもよいぞ」と言われました。

死んでからこの山に行くとなると……相当霊格が高くなければいけないわけで、「それは無理です。生きているうちに来ます」そう言うと、神様は笑っていました。

気さくで包容力のある、優しい神様です。

山を降りて拝殿の前まで来ると、やっぱりそこは龍の気配が濃厚で、凛とした、張り詰めた気高い「気」が流れていました。

「威厳があるだろう？」と神様はひとこと言って、笑いながら山へと戻って行きました。

拝殿の前に立つと、祈祷が行なわれていて、奉納の舞いが始まりました。ヒラヒラした軽やかな重ね着の衣装を着た巫女さんが、鈴をシャンシャン鳴らしながら優雅に舞っていました。太古の昔から人々はこうして、この山の神様を信仰してきたのだろうな、と神社の歴史を思いました。

この神社は声を大にして言いたいです、本当におすすめの神社です。パワースポット中のパワースポットです。山岳系神様の力が大変強く、松下幸之助さんがたびたび参拝していたというのもわかる……そういう神社です。

少しの距離なら歩けるという人は、私が行ったキャンプ場の上まで行くとよりよい波動がいただけます。ですが、この神社は波動がすごいので、神社の境内だけでも十分です。

神様は山のほうにいますが、眷属の龍がちゃんとすべてを神様に報告していますので、お話したことは全部神様に届きます。

ちなみに私が途中まで歩いたルートは、その先装備なしでは進めない大変険しい山道になっているそうです。山頂をめざして登山をする人は安全な別のルートから登ることをおすすめします。

椿大神社　三重県鈴鹿市山本町１８７１

御《み》厨人《くろど》窟《くつ》・室戸岬　神聖な修行場と海のパワースポット

御厨人窟は、高知県室戸市室戸岬にある洞窟です。

この洞窟は、若かった頃の空海さんが居住し、修行をした場所だと伝わっています。この洞窟から見える、空と海のみの風景から「空海」の法名を得たとも言われています。ここでの修行の最中に、明星が空海さんの口に飛び込み、その時に悟りが開けたエピソードも有名です。「それはさぞかしすごいパワースポットなのでは！」と思った私は、ウキウキわくわく期待たっぷりで行ってみました。

私の感想としては、この洞窟は一般人にとっては、パワースポットではありませんでした。完全な〝修行場〟であり、修行をする人にはとても神聖な場所でした。

私が洞窟にいる間、ほとんど人が来なかったのであれこれ試してみました。

洞窟の真っ暗闇の中で1人、静かに心を落ち着かせると、自分の内へ内へと入り込めます。自分の魂と向き合えるのです。

私はそこにいた時間が短かったので（未熟者のせいもありますが）、魂と向き合ってどうするのか、それ以上のことはわかりませんでした。

洞窟は、外界の音や光が遮断された場所なので、自分のエネルギーというかパワーというか、

波動を発する練習もできます。

　これは私のような一般人には必要ないのですが、昔のお坊さんは自分の波動を発して、周囲に広げ、それで人を癒やしたり、霊など祓ったりもしていたようです。ですから、洞窟いっぱいに自分の波動を満たす練習は必要だったみたいです。

　行ったのは9月でしたが、洞窟内は暗くて湿気が多いため、大量の蚊がいました。あちこち刺され、痒くてイライラします。ハエもブンブンブンブンいって周囲を飛んでいます。

「あー、うるさい！」と、修行が足りない私は、蚊やハエに心を乱されまくりでした。

　さらに天井からは時折、水がポトリと頭上に落ちてきて、ドキッ！　とします。「一刻も早く出たいぃぃぃー」と思ってしまう所なのです。

「ここは精神統一のよい練習になるだろう？」と空海さんはガハハと笑っていました。たしかにそうです。私は15分が限界でした。ここに住んだなんて……空海さんはやっぱりすごい人だったのだ、と改めて思いました。

　御厨人窟から少し南下すると、右手に中岡慎太郎像があり、そこを越えた岬側に駐車場があったので、車を止めて遊歩道に降りてみました。

　岬の先端部分と思われる方向へ歩いたのですが、途中、遊歩道を外れて、入り組んでいる岩場へ行けるところがあります。

強い波動を感じたので、「岩のパワーかな？」と岩を見に行きました。岩の向こうにはまた岩があって、それを乗り越え、さらに先へと行ってみました。

するとそこには、岩に囲まれた小さな入り江のような場所があり、そこがすごいパワースポットだったのです。

「うわぁー！　こんなパワースポットがあるんだ」と驚きました。

山の上で、山や空や太陽にもらうエネルギー・癒やしとは全然違います。

太平洋という外洋が持つ海のエネルギー、潮流のパワー、水の癒やしなど、海独特のパワースポットです。山とは種類が違いますが、力の大きさは変わりません。悪いものなど、もちろんこのパワーで吹っ飛びます。

私はそこでしばらく波の音に耳を傾けて、存分にパワーをもらいました。海水に浸かればもっといいのですが、時間がないので手だけ浸しました。

海にもここまで浄化してくれる場所があることを知りました。広々とした海や、水平線、波の音が心を穏やかにし、空と海だけの広大な景色は「地球」を感じ取れる貴重な場所です。

室戸岬に行ったら、是非、このパワースポットを体感してみてください。おすすめです。
御厨人窟　高知県室戸市室戸岬町

金刀比羅宮《ことひらぐう》　人を想うことの大切さと黄金色のお守り

金刀比羅宮は香川県仲多度郡琴平町にあり、山岳系神様がおられる神社です。四国八十八ヶ所霊場の善通寺から、そう遠くない場所にあります。

この神社は階段が多いことが有名で、ある程度年を取った人には本当にきつい参道です。私もヒーヒー言いつつ登りました。

途中、ここまでが何段で残り何段、と書いた道しるべがあるのですが、そういうものがあるということは、すでにたくさん登ったのね、あとちょっとだな、とワクワクして見ると……そこまでが3分の1で残りが3分の2ありますよ、という数字でした。

励ましているようで励ましになっていません～、と道しるべに八つ当たりもしました。

登っても登っても階段は続き、「階段地獄」という言葉を思いつきました。あそこで階段は終わりなんだ、と頑張って登ると、その先にもまだ階段

が続いている……あそこで終わりと思っても次の階段に続いている……延々と無限に階段を登り続ける地獄……キャー！　それはきつい、つらー、などとくだらないことを思いつつ、登りました。

旭社に着いて、「やったー、やっと着いた」と思ったら、そこは本宮ではなくガッカリしましたが、そこの鳥居から先が神域でした。とてもわかりやすく「気」が変化しているので、なんとなくでもわかる人は多いように思います。

やっと到着した本宮は疲れをほんわかとなごませてくれる、強いながらも優しいご神気で満ちていました。

中国の人が観光ツアーでたくさん来ていて、本宮前で全員が、と言ってもいいほど、黄色い物を手にポーズを取って写真撮影をしています。

その黄色いものは何？　と思ったら、それは金刀比羅宮の幸福のお守りでした。縁起のよい黄金のような黄色で、さっそく私もひとつ買いました。

本宮では神様と交信することが難しかったので、そのまま奥社に向かいました。階段地獄はさらに続き、途中で何度も立ち止まって息を整えつつ登ります。

奥社では神職の方が開門作業をしていました。蔀《しとみ》を開けているところを初めて見て、平安時代

が大好きな私は、これだけでも来たかいがあったと思いました。

早朝、参拝者が誰もいない神域で、思う存分ご神気をいただき、クリアに澄んだ爽やかな空気を吸って、体の芯から癒やされました。スピリチュアル的にすごい贅沢させてもらっているなぁと思うと、感謝の気持ちでいっぱいになりました。

お社の階段に買ったばかりのお守りを置いて、神様の波動をたっぷり入れていただきました（包装している袋から出して置きます）。

ここの神様は、惜しげもなくものを教えてくれます。上から威圧的に教えるのではなく、心地よいトーンで優しく語りかけてくれます。そして本当によく笑います。

神様との会話では、なぜかその場限りで忘れてしまう、というものが、結構あります。その時は、教えてもらって、そーだったのかー、と納得しているのですが、山を降りると忘れているのです。

帰宅して、記録する時に、「あれ？　会話って？　たったこれだけ？」と疑問符だらけになります。おかしい、もっとたくさん話をしたのに……と必死で思い出そうとしても思い出せません。

何ヶ月かたって、別の神様と話をしている時に、あ、そうだ、これはあの神様に聞いてこういう答えをもらったんだった、と思い出したりするのです。

今回は忘れないようにメモをしておこうと思い、「神様、すみません、ちょっとメモさせてくだ」と会話を中断して、スマホに必死で打ち込みました。すると、神様は私の肩越しに覗き込むような気配をわざと出すのです。ユーモラスで楽しい神様です。

奥社に行く山道を登っている時に、私についている重たい念を祓ってくれたのですが、これが不思議なやり方でした。

目の前に、といっても見えない世界ですが、大幣《おおぬさ》が出現したのです。

幣とは、神社で神職さんが頭上でバサーッバサーッと左右に振る、半紙のぼんぼりに棒がついたアレです。しかも、半紙が非常に細かく、それが尋常じゃない量で、すごく大きい！　のです。けれど、細かくさらさらしている大幣です。

それがバササーッバササーッと大きく振られ、振られたと思ったら、今度は大きな神楽鈴《かぐらすず》が出現しました。神楽鈴とは、神社で巫女さんが舞いを奉納する時に手に持っているアレです。

通常は鈴が15個くらいですが、目の前に現れた神楽鈴は小さな鈴が200個くらいついた、大きい！　けれども繊細な造りの神楽鈴でした。

それが、シャラランシャラランと振られました。なんだかよくわからない……けど、すごい！と感動しました。効果は絶大で、その後精神的にスッキリと軽くなり、気持ちがとても明るくポジティブになりました。

人が「期待する念」は重いかもしれないが残しておく、と神様が言います。それらの念は、その人をその方向へ導くそうで、よいものらしいです。

この人なら天下統一を果たすだろうと期待された秀吉さんとか、そこまで大きくなくても、この子は頭がいいから東大に入れるだろうと親に期待された子が実際にそうなるとか、そういう「あなただったらできるから頑張ってね」という応援する念なのだそうです。

人が飛ばす念というと、よくない念ばかりだと思っていましたが、いい念もあるのですね。

この時、四国霊場のお寺からお寺に移動する途中だったので、空海さんがそばについていました。

神様は空海さんを見て「仏がついておる」と言います。そして「その者は人間だった時に、この山に来たぞ」と教えてくれたのです。へぇぇー！　と心底、驚きました。

神様はやはり参拝に来た人をすべて覚えているのです（空海さんは参拝ではなく、修行でこの山に入っています）。

「立派な仏になっておる」と感慨深い口調でつぶやいていていました。

神様とはいろんな話をしたのですが、「前に一緒に来た者はどうしておるのか」と聞かれました。実は4～5年前、私は元夫と一緒に、本場の讃岐うどんを食べてみたくて香川県を観光し、この金刀比羅宮にも来ていたのでした。その時の参拝は、元夫としゃべりっ放しの参拝だったので、願掛けも自己紹介もせず、ただ手を合わせただけで帰りました。

「婚姻は解消しましたが、今でも仲良くやっています」と答えると、「仲がいいのはよいことである」と微笑んでいました。

それは、夫でも彼氏でもいいし、男女間に限定されたものではなく、親でも友だちでもいいそうです。誰かと仲良くするのは素晴らしくよいことだと言うのです。そして、仲良くするということは、その人のことが大好きなわけで、その「人を想う気持ち」「人を大事にする気持ち」が大変よいらしいのです。

「でも、パートナーがまだ見つからなくて、親ともうまくいってなくて、友だちともそんなに親しくないという人もいると思うのですが？」と質問をしたところ、そういう人は芸能人でも歴史上の人物でもいいそうです。

大事なのは誰かのことを「想う」気持ちだと言っていました。その誰かに対する〝愛情〟が大事なのです。

神様が言うには、人間は胸の中に持っている愛情の袋を常に膨らませておかねばいかん、とのことで、袋が膨らんでなくて、ぺしゃんこにしぼんでいるのは〝本人にとってよくない〟そうです。

「慶雲寺」の紹介（210頁）の中で書いていますが、人を想う気持ちにはパワーがあります。このパワーは奇跡さえも起こせるほど強い力を持っています。

そのパワーを自分の中に、袋いっぱいに持っている人と、ほとんど持っていない人とでは、霊的な力が全然違うのです。

悪いもの・悪い人・不運を寄せつけないとか、幸運を引き寄せるとか、そういう部分で大きく差が出ます。内側に愛のパワーを持っていなければ、よくないものに支配されやすいという部分もあります。

私には袋いっぱいに大好きだと思える人がいない……と思われるかもしれませんが、これは対象が1人だけの量という話ではありません。夫、妻、恋人、娘や息子、友だち、親、テレビの向こう側のアイドル、というふうにいろんな人への愛情で袋がいっぱいに膨らめばいいのです。

いろんな人への想う気持ちがごちゃ混ぜで構わないらしいので、袋は常に膨らませておくように心がけたいものです。

ふと気づいて「空海さんとか最澄さんが好き、っていう仏様を好きなのはどうでしょう？」と聞いてみました。

すると、神様は「フフフ」と笑って、「それは確実に愛が返ってくるから、なおよい」と言っていました。芸能人や歴史上の人物だと愛は返ってきませんから、そういう意味では「神社の神様が大好き！」も同じです。

そう考えると、神仏は袋を膨らませやすい対象かもしれません。ペットへの愛情でも袋はパンパンに膨らみそうです。

話も楽しいし、フレンドリーで素敵な神様です。「こんぴらさん」と呼ばれ親しまれてきたというのも頷けます。

山岳系ですから願いは基本、何でも叶えてくれますが、一番ごりやくがあるのは、金運と招福です。

この神社の黄金色のお守りは効力抜群でした（ただし、私のように奥社へ持って行って、神様に波動を入れてもらう必要があります）。そこらへんのお守りとは格が違います、波動が強烈なのです。

さらに、黄金色の〝色〟がもたらす力、というものも加わっています。

私はこのお守りを写真に撮って、スマホのロック画面の待ち受け画像にしていました。こうすると、スマホを見る時に必ず、お守りを目にするわけで、1日に何回も見ることになります。

この画像にしてから、ラッキー、ツイてるー、ということが多く起こるようになりました。ちょっ

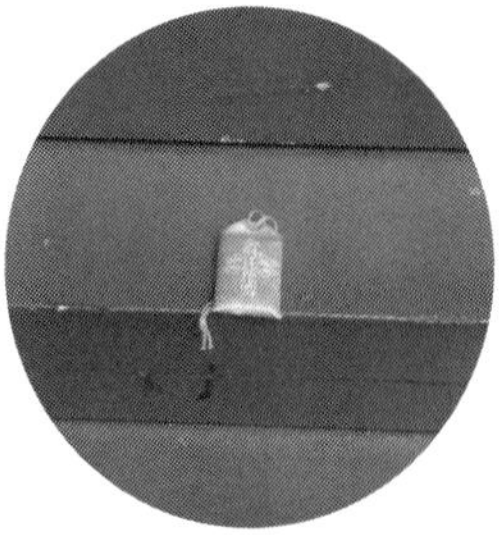

と怖いんですけど……というくらいツイていた時期もあります。

３ヶ月くらいすると平常に戻ったので、効力が切れたのかな？　と違う画像に変えたら、一気に運が落ちたのです。来る日も来る日も、ツイてないわ〜、と思うような出来事に遭遇するようになりました。

お守りの画像は、運が落ちるところを、なんとか平常に保ってくれていたようでした。それ以降、スマホの壁紙はお守りの画像にしていましたが、半年で効果は消滅しました。

お守りの効力は半年が期限です。写真に撮った画像も同じでした。

奥社の岩肌には２体の天狗が彫られていて、迫力があります。登れるという人は奥社まで行ったほうがよりよいものが受け取れるので、頑張って登ってみてはいかがでしょうか。

金刀比羅宮　香川県仲多度郡琴平町８９２の１

橋立《はしだて》明神（天橋立神社）　龍神に願うコツ

元伊勢の参拝が目的で、京都府宮津市へ行きました。

車でお目当ての神社に向かって走っていると、右手に天橋立が見えました。天橋立にはそんなに興味はなかったので、その時は時間があればちょっと寄ってみようかな、くらいの気持ちでした。

　いくつかのお寺を回る予定だったので、もしも時間がなくなれば行かなくていいや、と思っていたのです。

　それが、途中で急きょ予定変更となり、急いで宮津市から福知山市に行くことになりました。そうなるとお寺を回る余裕はありません。どこか一ヶ所しか見学できないという状況です。悩んだ末、ちょっとだけ天橋立を見物して、それから福知山市に向かうことにしました。

　まったく何の期待もせず、天橋立に架かっている廻旋橋を渡り、てくてく歩いて……「おぉ～、ここはすごい！」と声が出ました。

　パワースポットなのです。でも、山の中にあるパワースポットとは種類が違います。

　室戸岬の岩場ような、海のパワースポットの要素もあるのですが、それとも違うのです。海と大地の融合パワースポットとでもいいましょうか、清い土地が持つエネルギーも充満しているのです。

　駐車場でもらった地図を見ると、「橋立明神」と書かれた神社があります。パワースポットにある神社です、行かねば！　と思いました。

橋立明神は、廻旋橋から行くと、ぐるっと左から回って参拝するようになっていました。メインの道から左に折れると、薄暗い森の中に入っていくような感覚になります。

小道を歩いていたら、右手の木々の間に、大きな神殿が見えました。古代の高床式の建物で、神殿なのか、神殿にしてはシンプルなので倉庫なのか、木造の大きな建物です。

「へ〜、意外と大きい社殿を建ててるんだ。土地の下は海水に浸かっているのに、こんな大きな建物を建てて大丈夫なのかな」と思いました。

道はそのまま水辺まで続き、そこで横を向くと神社への参道になっています。ここからが正式な参道というわけです。そこで神殿があった場所を見ると、さきほどの大きな建物は影も形もありません。

あれ？　あれれ？　と狐につままれた気分です。

たしかに私はこの目でハッキリと見たのです。絶対に錯覚などではありませんでした。こうなると過去の風景を見たとしか考えられません。はるか昔の古代に、そこに建っていた建物なのでしょう。

この場所は不思議な力を持ったパワースポットなのだ、と改めて思いました。

橋立明神は、メインの道から離れた場所に、静かに佇んでいる小さな神社です。土地の神様かな？　と思って手を合わせてみました。すると巨大な龍が見えたのです。「うわぁ、龍だー！」

と思わず叫びそうになったくらいの、特大サイズでした。

龍は社殿にいるのではなく、大空を悠々と泳いでいます。

天橋立が特殊なパワースポット感を出しているのは、波動の高いご神気が空からも流れてくるからでした。龍が昇ったり降りたりする時に、「気」も流れるのです。

何気にある小さな神社なのに、すごいなここは……と目を見張りました。

すぐそばに、四方を海に囲まれた場所にもかかわらず、少しも塩味を含んでいない不思議な湧水……と言われている磯清水があります。土地の力からいって、ここにあるのは当然のように思いました。

そしてさらに驚くことに、この神社の狛犬像には蛇が入っています。

龍は、山岳系神様の眷属であるパターンが多いのですが、このように龍自身がご祭神として祀られることもあります。その場合の眷属は、蛇になるのです。これは大変勉強になりました。

さて、ここの龍神ですが、非常に淡々とした性質です。ですので、願掛けはサッと叶うものがお得意です。

商売繁盛とか、立身出世とか、叶うために時間がかかる……時間をかけて徐々に叶っていく、というものは得意ではありません。

試験に合格するとか、病を消すとか、そういう願いが叶いやすいのです。なので、出世にしても、次の人事で部長、と一回こっきり形式で願うといいです。それがこの神社で願掛けをするコツです。

天橋立を歩いている人はそこそこいましたが、この神社にお参りする人はほとんどいませんでした。もったいないないな〜、と思いました。

廻旋橋の手前にある智恩寺の文殊堂にもちょっとだけ寄ってみました。そこには、龍伝説の話をわかりやすく描いた絵があります。

古代、天橋立では悪い龍が住民を苦しめていたそうです。そこで、イザナギ・イザナミの神様が中国から菩薩を迎えたらしいです。

かなり「?」な展開ですが、その智恵の仏様が来て、悪い龍を諭し、龍はよい龍になったということです。内容はともかくとして、古代からあの龍神はあそこにいるようです。

橋立明神（天橋立神社）　京都府宮津市文珠

大頭《おおがしら》神社　狛犬が強く、滝の効力がすごい神社

大頭神社は広島県廿日《はつか》市《いち》市《し》にある神社です。

20年以上も前に参拝したきりで、すっかりご無沙汰していましたが、今回久しぶりに訪れて多くの発見がありました。

当時はわかる能力が低かったので気づかないことも多かったのですが、まず狛犬の強さに驚きました。ここの狛犬の力はすごいです。

「こんなに力がある眷属が狛犬に入ることもあるんだ〜」と新鮮な驚きでした。

それに比べると、私についている狛犬（どこの神様なのかはわかりませんが、私に狛犬を貸してくれています。詳細は『ひっそりとスピリチュアルしています』という本に書いています）は、本当に〝子犬〟という感じです。大きさももちろん違うのですが、力がまったく違います。神社の狛犬が「ガオー！」と威嚇してみせると、私の狛犬たちはビビっていました。

その瞬間に、ああ、そうか、私の狛犬たちは〝修行〟で、私のもとに来ていたのか、とわかり

ました。私を守るために来てくれたのだとばかり思っていましたが、実はそれが使命ではなく、人間を守ることで修行を重ねる、私とともにあちこちの神仏を訪れて修行を積む、ことがメインだったのです。

なぜ、狛犬が私のところに来たのか、疑問に思うところがあったのですが、そうか、そうだったのね～、と納得しました。

犬たちは修行を積んで、パワーが増大すると、獅子に進化するようです。

神社の拝殿には、神様の一の眷属の龍がいました。この龍が直接願いを聞き、神様に取り次いだり、眷属を使ったり、いろいろと任されているみたいでした。とても大きな龍で、人なつっこい雰囲気はまったくなく、威厳に満ちた堂々としたタイプです。

大頭神社の背後には滝があり、雄滝と呼ばれています。神社右手にあるのは雌滝で、この二つの滝を「妹背《いもせ》の滝」と言い、地元では有名です。神社に向かって、右側から回り込むと、雄滝へ行けるようになっています。

神社横を流れる川の水は美しく透明で、見ただけで水に力があることがわかります。

雄滝は熊野の那智の滝と同じく、山岳系神様が存在することができる神秘的な力を宿しています。神聖な滝なのです。

ここの神様にお願いをしたい場合、拝殿で拝んで龍に取り次いでもらうわけですが、滝に向かって直接拝んでもいいです。

息子が2歳の頃、母と3人でこの神社に参拝しました。
ここは祖父母にゆかりのある神社で、大変強い力を持った神様がいることだけは当時から知っていました。

拝殿でお参りを済ませて、雄滝へ行くと、滝に神様がいるのがわかりました。「神様がいるよ?」と母に言うと、「滝の水でアトピーを治してもらえるようお願いし〜」と言われました。

当時、息子の顔にはひどいアトピーが出ていて、頬などはじくじくになっていました。近所の皮膚科の薬ではなかなか治らず、大学病院に連れて行ってみたりもしていました。

母に言われ、さっそく滝に向かって手を合わせて、「この水で息子のアトピーを治してください」とお願いしました。ハンカチに滝の水を含ませて、それで息子の顔をぴちゃぴちゃと撫でました。何回か繰り返したと思います。

正直言って、半信半疑でした。

それから息子のアトピーはみるみるうちによくなっていき、どれくらいだったか正確には覚えていないのですが、何日かのうちにすっかり消えて、幼児特有の真っ白ですべすべのキレイな肌になりました。

子どもの頃から不思議現象に慣れているとはいえ、これには驚きました。

母もいまだにこの時の話をしており、「大野の神様はやっぱりすごい」と言っております（大野は所在地名です）。

久しぶりに滝を目の前にした私は、写真を中央から撮ろうと、川の向こう側へ渡るための飛び石に乗ることにしました。

石といっても岩のように大きくて丸く、水中にあるので不安定だし、「グリン！　となって（石自体が傾く感じを言っています）落ちそう～」「濡れたら困る～」と叫びつつ、石に乗るかどうか悩んでいたら「グリンとなりはせんから大丈夫」と神様に言われました。

そうはいっても、石にうまく乗れなかったらバランスを崩して、グリン！　と石が傾き、その拍子に私は引っくり返ってびしょ濡れになる……と思いました。

しかし、いい写真を撮りたいという欲望には勝てず、用心深く石に乗ってなんとか川の中央まで行き、写真を撮りました。その後、向こう側へ渡りましたが、神様に言われた通り無事に行けました。

向こう岸は岩ばかりで足場が悪く、その場で写真を撮っていたら「もっと奥の滝つぼ近くまで来なさい」と言われました。滝つぼまで行くにはいくつもの岩を越えなければなりません。必死で岩を伝って行きました。

滝つぼに近づいていくと、岩にコケがはえていてズルズル滑ります。「ツルン！　って滑って水の中に落ちそう〜」「岩でケガしそう〜」とギャーギャー言いながら、へっぴり腰で岩を渡ります。

「ツルンとなりはせん」と言われましたが、いやいやいや……マジでなりそうなんですけど……と半べそで進みました。

ここまで来なさい、と言われた岩までは距離が遠く、ビビリな私は「無理です、怖いです」と遠慮させてもらいました。

そこまで行けば波動が格段に高まるのか、高度な滝修行になっていたのかはわかりませんが、絶対に滑って落ちる、と思ったのです。

そこからもとの場所まで、またこわごわ戻りましたが、たしかに神様が言う通り、グリンもツルンもなりませんでした。物理の法則よりも神仏の言葉を信じる……のは、なかなか難しく、いまだにクリアできない自分を再確認しました。

ここの滝の水は聖水です。水自体に力があります。

滝に手足だけでも打たれてみたいと思いましたが、タオルも何も持っていなかったので、足を水に浸せません。すると、滝の右側の端っこで、岩を伝って流れ落ちる水に手をさらすだけでもよい、滝行になる、と言われました。

言われるままに手をさらしていたら、頭のてっぺんに、時々滝の上からしぶきの水滴が落ちてきます。滝の水で浄化もしてくれるのです。

神様は、私が祖母の孫であることを知っていて、祖母は大変信仰心のあつい人であった、と褒めていました。祖母が持っていた霊能力と、私が持っているものは種類が違うそうで、そういう話もしてくれました。

この神様の力は、滝のように雄々しくパワフルですが、性質は優しく親切で、面倒見がいいです。山岳系です。

滝をあとにしつつ、振り返って見たら、滝の前の空間・土地には龍が着地できるとわかりました。それくらい清浄で波動が高い場所なのです。パワースポットとして訪れるのもいいですし、神様に願掛けに行くのにもよい神社です。

大頭神社　広島県廿日市市大野５３５７

第５章
お遍路とは

《徳島県》太龍寺

《高知県》神峯寺

《香川県》善通寺

太龍寺　空海さんと山岳系神様、同時に会える貴重な場所

関西地方から四国に車で行くルートは、明石大橋を渡って、淡路島経由で徳島県鳴門市に入ります。

そこから徳島市を通り抜け、田園地帯をのんびり走り、のどかな田舎の雰囲気を満喫していた時でした。

「空海さんゆかりのお寺がいっぱいある四国では、空海さんはどんなふうに感じられるのかな」と、何気に空海さんを思った瞬間に、いきなり上空に見えました。

空海さんは笠を被り、錫杖《しゃくじょう》を持って、立っている姿でそこにいました。そのお姿が、ものすごーく大きいのです。「うわっ！でかっ！」と思わず声に出したくらいです。

四国では、お遍路さんが空海さんを慕い、大勢の人が常に空海さんを考えているからでしょうか。

空海さんを尊敬する念や、帰依する思いの強さからなのか、空海さんの存在はとても大きなものになっていました。こんなに大きな空海さんがいる四国は空海さんの聖地と言っても過言ではないように思います。

太龍寺は山頂近くまでロープウェイが通っている、お参りしやすいお寺です。しかし山岳系神仏に会いに行く時の、私個人の基本は〝山を登る〟なので、少しでも登山をするべく、中腹あたりにある駐車場に車を停めました。この駐車場は「黒河駐車場」といい、民宿坂口屋の横道を上がって行きます。

ハッキリ言ってこのルートはおすすめできません。なにせ道幅が狭く、車一台がギリギリなのです。対向車が来たら、どちらかがバックで道幅が広い所まで下がらなければなりません。まぁ、それはバックで走行すればいいだけの話なのでなんとかなるのですが、問題はカーブです。危険な狭い山道なのに、カーブミラーが設置されていないのです。これは怖いです。

カーブにさしかかるたびに停まりそうなくらいにまで減速し、安全を確認しなければならず、運転がしんどかったです（車一台分の幅しかありませんから、確認をせずに曲がって、そこに対向車がいたら正面衝突です）。途中から一方通行になるので、そこまでの間だけですが、結構長かったように思います。

黒河駐車場から山道を登って行くと、30分程度で境内に着きます。

本堂は撮影禁止になっていなかったので、写真を撮ってみました。ここの扉は格子になっており、その四角い隙間にはガラスが嵌められています。ガラスですから反射して、うまく撮影できません。カメラを木枠に固定してレンズをガラスにくっつけてもブレまくりで、何枚撮ってもうまく写せないのです。原因は3次元的なものではなさそうでした。

神社仏閣では、写真がブレてしまうことがよくあります。神仏の波動が高いために起こる現象です。高波動にカメラが反応してブレてしまうことがあるのです。

こういう場合、神仏に写真を撮らせてもらえるようお願いをすると、波動を調整してくださるので、うまく撮れます。

そこで「どうか1枚だけお写真を撮らせてください」と仏様に正式にお願いしたところ、1枚だけくっきりと美しく撮れました。

ちなみに空海さん作のご本尊といわれている虚空蔵菩薩像は公開されていませんでした。


私がここのお寺を参詣したのは、「舎心《しゃしん》ヶ嶽」に立ってみたいと強く思ったからでした。ロープウェイの駅から山道を登って15分くらいの所に、南舎心ヶ嶽という場所があります。若き日の空海さんが虚空蔵求聞持法《こくうぞうぐもんじほう》を修した修行場で、今は大きな空海さん像が設置されています。ここを訪れたくて、私はこの日、太龍寺に行ったのでした。

山道を行くと、まず空海さん像の背中が見えてきます。空海さん像は座禅姿です。

像は大きな岩のてっぺんにあり、おそばに行こうと思ったら、その大きな岩をよじ登らなければなりません。私は像に寄り添いたい一心で、岩を登り、そばまで行きました。

空海さんの肩越しに山々を見渡すと、そこには美しい景色が広がっています。心が洗われるような風景です。

しばらくして、ふと見ると、空海さんの頭と耳に鳥のフンが落ちていました。高い山の上の空間は、空も山も雲も仏様も鳥も木々も、すべてが平等な世界です。上空に目をやると、鳥が一羽飛んでいました。

きっとあの鳥が、友達数羽と飛びながら、「あのおっちゃんの像にフンを命中させられるかどうかやってみぃひん？」と遊んだのでしょう。「全速で飛びながらやぞ」「よっしゃ、俺、耳を狙うわ」「耳は難しいんちゃうか、俺は頭にする」みたいな感じで、ありがたい仏様も鳥にとっては標的のおっちゃんというところが面白く、その光景もなんだか素敵で写真に収めました。

私がそこに行く前に、60代と思われるおじさんが先にいて、空海さんの肩越しに写真を撮っていました。私の少し前を歩いていたおじさんです。

おじさんは写真を何枚か撮影すると、私と入れ違いで去って行きました。その行動から、背中越しにしか景色を見ることができないのだろうと思っていたのですが、よく見ると、空海さんの前面に、空海さんに向かって手を合わせるスペースがあります。

え？　回り込めるの？　と思った私は、よじ登った大きな岩から降りて空海さんの正面に回り込んでみました。

ここが、もう、本当に素晴らしいパワースポットでした。いるだけで、呼吸をするだけで波動が上がり、高度な修行になるのです。

肉体が完全に浄化されてクリアになり、精神にもとてもよい作用があります。

昔はお堂があって、お不動さんがいたようですが、今は空海さんがいるので、空海さんの癒しの波動になっています。正面の参拝場所から手を合わせて見上げると、空海さんが慈悲深い優しいお顔で微笑んでくれます。涙が出るくらいありがたい空間なのです。

その後、その場所の先端にある、「捨身岩」に座ってみました。捨身岩は空中に突き出たようになっている岩です。ここで祝詞を唱えると、風がひゅ〜っと爽やかに頬や頭を撫でていきます。

神聖な静寂が心地よく、空や太陽とも近く、この世とは思えない世界です。この捨身岩に座ると目の前に山岳系神様がいるのがわかります。

岩の上でしばらく瞑想をすると、感覚が研ぎ澄まされて、いかに高度な修行になっているのかがわかりました。

山岳系の神様に、蔵岩（大阪府和泉市の槇尾山《まきお》）の神様にこう言われたのですが、本当でしょうか……ということを聞いてみました。

すると、「神の言葉の裏付けを、別の神で取ろうとするものではない」と言われました。蔵岩の神様の言葉は、私と2人だけの会話であって、それを他の神様に真実かどうか確認してはいけない、と言うのです。たしかにその行為は、蔵岩の神様を信じていないことになるし、失礼な行ないであったと反省しました。

いくつかの質問をしたのち、神様に「座禅を組んでみなさい」と言われました。「え？　どこででしょう？」と問い返すと、「そこだ」とちょっぴり岩の表面がへこんだ場所を指されたのですが……そこはまさに岩の先端部分なのです。

捨身岩は下に向かって傾いているので（しかも空中に張り出しています）、そんな先端で座禅を組んで、うっかりバランスを崩したら真っ逆さまに落ちてしまいます。

「む、無理ですっ！　無理無理！　怖いです！」と思いっきり拒否しました。

すると、前面には山岳系神様がいて、後ろには空海さんがいることを見せてくれ、「ちゃんと両方から支えておるから大丈夫」と言われました。前で神様が、落ちないよう受け止めてくれて、後ろから空海さんが私の体を引っ張ってくれている感覚がありました。

しかし、恐怖に勝てない私は、岩の後方のくぼんだ安全な所で座禅を組みました。私は……神様の言葉より、バランスを崩したら落ちるという物理の法則のほうを信頼しているということだな、と自分がまだまだであることを実感しました。そして、恐怖に打ち勝つのも修行のひとつなのだと悟りました。

座禅を組むと、頭のてっぺんから高波動のエネルギーが入って、お尻の下から岩を伝って、山へ、大地へと抜けていきます。パワースポットで座禅まで組むと、ものすごく波動が高まります。空中にいる、というその感覚はなんともいえず、人間ではなくなったような錯覚も覚えました。1時間以上そこにいたのですが、その間、幸い誰も来ず、私だけの空間を味わえました。私が南舎心ヶ嶽から下りていると、夫婦連れや、男性が登ってきました。

長い時間、私1人の空間にしてくれた空海さんのお心遣いがありがたく、神仏にご加護をいただけていることに深く感謝しました。

太龍寺　四国八十八霊場第21番札所・徳島県阿南市加茂町龍山2

神峯寺《こうのみね》　岩崎弥太郎さんの母が願をかけた観音さん

三菱財閥の創始者、岩崎弥太郎さんは皆さんご存知だと思います。幕末、土佐の地下浪人の家に生まれ、驚異の大出世をして巨万の富を得た人物です。

その岩崎弥太郎さんの母親が、息子の開運を祈願したのが、ここ神峯寺です。

それもただの願掛けではありません。母親は、片道20キロもある道のりを、なんと素足で、21日間も通ったのだそうです。

家の近所にもお寺や神社はあっただろうに、そこまでして願をかける仏様とはどういう仏様なのか……このお寺には是非、行ってみたいと思っていました。

室戸岬から、スマホのナビでルートを検索をすると、到着予定時刻がお寺の閉門時間になっていました。

神峯寺は駐車場から歩いて10分かかるので、手を合わせる時間も入れると、少なくとも閉門前15分には着かなければなりません。

無理だな、とその時点で諦めましたが、どうしても訪れたいお寺です。閉門されていてもいいから、行くだけ行ってみようと、車を走らせました。

すると驚くことに、前を行く車がすべてサクサクと走り、信号などにも引っかからず、駐車場に着いたのが閉門の15分前でした。

そこからダッシュして、走りっ放しの状態で長い石段を登り、本堂に着いたのが10分前でした。奇跡だ！　と思いました。

運動不足のこの私が、この年齢で、一回も止まらずに走れたことが不思議でした。石段は長く、普通に歩いてもゼイゼイいう高さです。そこを走って登ったのです。

あとからわかったのですが、空海さんがついていてくれて、空海さんの力で間に合わせてくれたのでした。神仏の力でなければ、あの奇跡は起こせないと思います。

本堂に着いた時は、男性が1人参拝していましたが、私と入れ違いに降りて行ったので、私1人の空間になりました。

ご本尊の十一面観音さんに、「岩崎弥太郎さんの話を知って、参拝に来ました！」と元気よく伝えました。

そして、私自身の願掛けしていると、声が聞こえました。

「その願いは、お前が前世でやった、これこれこうでもよいのではないか？」と願い事の確認です。

たしかにそれでもいいけどな〜、とは思いましたが、「いいえ、あの時はこういう苦労がありましたから、やっぱりこうでお願いします！」と答えると、十一面観音さんは愉快そうにくすくす笑っていました。

それがとても上品で優しい、温かい感じで、「あぁ、この観音さんなら叶えてくださるなぁ」と、しみじみと納得しました。

手を合わせ終えて、お堂の階段を降りていたら、「何も出さずに願うか？」と冗談っぽく言って、またくすくす笑っていました。「あ、そうか、忘れてた、お賽銭お賽銭」と１００円をお賽銭箱に入れました。

えっ？　たった１００円なの？　と思われそうですが、神仏にとってお金の多い少ないは関係ありません。１万円入れたから叶う、10円だから叶わないということではないのです。だからといって、１円というのも失礼な話なので、私は大体１００円を入れています。

ちょっと大目に入れたほうがいいかなと思う時は５００円玉を入れますし、小さな神社で手入れが大変だろうと思えばお札を入れています。

大事なのは、スパッとお賽銭箱に入れられるかどうかです。

絶対に叶えてもらいたいお願いだからフンパツして千円入れよう、としても、心のどこかで「ちょっと多いかな」「５００円でいいかも」とわずかでも〝惜しむ〟気持ちがあれば、やめたほうがいいです。惜しむ気持ちをお賽銭箱に入れてはいけません。それよりも１００円をスパッと入れたほうが、神仏側も気持ちがいいです。

ふと見ると、セルフで５００円のおふだを売っていたのですが、「今日の財布の中身で５００

円はちょっと痛いかな～」と独り言を言うと、また観音さんがくすくすと声を出して笑っていました。

よく笑う陽気な観音さんなのです。ですので、そばにいるととても楽しくて、ワクワクする感じになります。

いい仏様だなぁ～、と波動をもらっていると、閉門作業をする女性が来られました。

このお寺がある山は「気」がすごくいいです。もともと「気」のいい山なのか、観音さんのパワーで変化したのか、どちらかはわかりませんが、とにかくいい「気」に包まれていました。

本堂から石段を降りた所にある「神峯の水」も素晴らしいです。簡易禊ぎをさせてもらい、ごくごく飲んで、体全体をキレイにしました。

ここは本当によいお寺であり、パワースポットでもあります。

観音さんは、仏様なのに神々しくて、パワーある光を発しています。願掛けはなんでもオーケーで丁寧に叶えてくれます。

願をかけずとも、行くだけでもいい影響があります。

岩崎弥太郎さんの母が、近所のお寺ではなく、わざわざ遠くからこのお寺に願掛けをしに通った理由がわかりました。

ここなら叶う、からです。

去る時に名残惜しいと思ってしまう、そんなありがたいお寺でした。

神峯寺　四国八十八霊場第27番札所・高知県安芸郡安田町唐浜２５９４

四国での空海さん　同行二人は本当だった

神峯寺から香川県善通寺市へ行く途中のことでした。

ボ〜ッと何も考えずに運転していると、カーナビの台座に空海さんが座っているのが見えました。車はレンタカーですが、カーナビはレンタルしなかったので外されていたのです。

「へぇ〜、仏様ってこんなに小さくコンパクトにもなれるんだ〜」と思いました。

次の目的地である四国八十八霊場第75番札所・善通寺へ行くまでの道中、一緒にいて守ってくれているのです。

空海さんは、カーナビの台座を光背のようにして、そこに座っていました。会話をするという雰囲気ではなかったので、ありがたいと感謝しつつ、でも小さくてなんだか可愛いー、などと失礼なことも思いつつ、走っていました。

南国ＩＣで高速に入る時、ＥＴＣゲートが開かないというハプニングが起こりました。

減速していたので、バーの手前で無事に停まれましたが、人生初の出来事でパニックになりました。

とりあえず、ＥＴＣカードがしっかり挿入されていることを確認し、ランプもグリーンで異常がないことを確認しました。しかし、ゲートは開きません。なんで？　どうして？　と、最初はのんびり考えていましたが、それが徐々に焦りへと変わっていき、最後はどうしたらいいの！と頭をかかえました。

その日はすでに、何回も高速道路のＥＴＣゲートを通過しているのです。いずれも問題なく通過しており、その後カードも機器も一切触っておらず、理由がわかりません。うわー、どうしよう！　と冷や汗が流れます。

係員がすぐに来てくれるのかと思ったら、これがなかなか来てくれません。焦りがどんどん強くなっていきます。

無意味なカード確認を何回も繰り返し、取り出して入れ直そうにも、レンタカーなのですぐには取り出し方がわからず、「キィィー！」と叫びたくなりました。

カードをグリグリ押してみたり、機器のあちこちを叩いてみたり、冷静に考えると、馬鹿か私は、という行為を必死でしていました。

ミラーを見たら、私の後方に車が何台も停まっていて、それらの車から「こいつ！　何してんねん！」という念が飛んできます。

何をどうすればいいのかさっぱりわからず、ゲートが開かない限り移動ができないわけで……

私が前に行かないと後続車も進めず、立ち往生状態です。

5分以上、「うわー、ごめーん、すいませーん」と頭真っ白で焦りまくり、慌てていた私ですが、ふと女性のアナウンスが耳に入ってきました。冷静になって耳を澄ますと、女性が何か大声でしゃべっています。

聞き取れないので、窓を開けようと右側を初めて見たら……（それまで必死で前方とETC機器だけを見ていました）、そこにはでかでかと「バーが開かない場合、窓を開けてアナウンスを聞いてください！」と書かれていました。

「うへー、そうだったのね」と窓を開けると、そこに係のおっちゃんが走ってきました。そして「通行券！　取って！」と怒鳴りました。

どこに通行券が？　とキョロキョロすると、私の車の斜め後方（後続車の横あたり）に、発券機があり、見ると、ペロンと通行券が発行されていました。「ほ〜、ETCのレーンにも通行券の機械があったのねー」と変なとこで感心しました。

それを取れ！　とおっちゃんがジェスチャーで示し、おっちゃんは自分の持ち場へ帰ろうとしています。

自分で取りに行くのか〜、後続車の人たちの視線が痛いなー、きっつー、とドアを開けて出ようとしたら、ズラ〜ッと何台も続く後続車に睨まれたのか、おっちゃんが取って来て渡してくれました。

通行券を取ったので、すぐにバーを開けてくれるのかと思いきや、なかなか開きません。なんでー！　はよ開けてよー！　と思っていたら、アナウンスの女性が「出口では一般レーンを通ってください！」と、ひときわでかい声で言いました。

入口でETCカードが反応していないのだから、出口でETCレーンを通過できるはずがなく、そんなことは言われなくてもわかります！　と思っていると、「では、バーを開けます」と言われ、やっとそこから脱出できたのでした。結局10分近く、そこに停まっていました。

空海さんがついているのに、このハプニングはなぜ？　と疑問が湧きました。

すると、あのまま行っていたら事故を起こしていた、と空海さんに言われました。時間をずらさなかったら、「魔」の空間に吸い寄せられるというか、入り込んでいたらしいです。それは落とし穴のようなもので、突然、ふっとできて、ふっと消えるのだといいます。

しかし、ゲートを通過後、しばらく走っても事故など起きていません。不思議に思って「誰も事故っていませんよ？」と聞いてみました。

すると、私の波長で通行すると危ない「魔」の落とし穴だった、と教えてくれました。

地球の緯度や経度、その時の温度、湿度、時間、空間など、いろいろな条件によって「魔」の落とし穴が出現するのですが、条件の数値によって「魔」の種類が違うのです。さらに人間もその時の体調や精神状態、人によって波長も違うので、「魔」に落ちる人と落ちない人がいるそうです。

前日ほとんど寝てなくて睡眠不足、そのうえ早朝から行動し、山にも登ってかなり疲労しており、とても眠くてダルかった私は、「魔」に落ちやすかったのかもしれません。

死亡事故ほど大きくなく、車をかすったりする小さな事故だったにせよ、私にとっては痛手です。事故を避けられたことは本当にありがたいと思いました。

ＥＴＣカードが反応しなくてバーが開かない、なんて人生初ですし、身近な人にもその経験がある人はいなくて、珍しいことだと思います。レンタカー屋さんが機器の点検をしているはずですから、故障ということも考えられません（その後も、何回か高速を出入りしましたが、正常に作動していました）。

仏様はすごい、と改めて感動しました。時間をずらすためなら、機械を誤作動させることなど朝飯前なのです。

もしも、出かける直前に図らずも予定を変更せざるを得ない状況になったら、神仏が空間をずらす、もしくは時間をずらしてくださっている可能性があります。人間にはわかりませんが、神仏には未来も「魔」もすべて見えているからです。

神社仏閣を訪れる時に迷子になったり、道を間違えたりして、なかなかたどり着けない場合、自分は神様に嫌われているのだろうか？　と不安になる人がいるようで、よく質問をもらいます。

実は、道に迷うのは、守護霊や守ってくださっている神仏が、方違《かたたが》えをしてくれていたり、この時の私のように時間をずらしてくれているのです。

方違えとは、行こうとしている方角がその人にとって悪い場合、一旦別の方向に行き、そこから目的地に向かう方法を言います。そうすることによって、目指す方向が変わるので、目的地が悪い方角ではなくなり、よって「魔」が祓える、というわけです。

たとえば、東京から大阪に行くとして、その方向が「魔」の方向である場合、一旦、和歌山へ行き、そこから大阪に行きます。そうすれば、大阪には北に向かって入るわけで、東京から西に向かって入るのとは方角が変わります。

これは陰陽道《おんみょうどう》に基づいた平安時代からある風習なのですが、本格的なものはかなり複雑で、ちょっと大袈裟です。そこまでしなくても、少しだけ道を変えることで、十分方違えになります。

いつも通る道を、今日はこっちから行ってみよう、と道を変えて、無意識に方違えしていることもあるのです（この場合、守護霊が導いてくれています）。

その「魔」の方向はどうすればわかるのですか？　と不安に思われるかもしれませんが、これは守護霊や神仏がうまく回避させてくれるので心配はいりません。

時間をずらすのも、その時間にそこに行くとよくないことが起こるので、到着する時間を変えて、「魔」を避けているのです。

空海さんは四国八十八霊場のお寺からお寺に行く道中、一緒にいてくれます。

〝同行二人〟というのは、迷信でもなんでもなく本当でした。

私はこの時、神社も混ぜて四国をあちこち参拝しました。四国八十八霊場の太龍寺から神峯寺に行く道中、神峯寺から善通寺へ行く道中は、ずっと空海さんがついていてくれました。

つまり、八十八ヶ所、すべてを順番に回るお遍路さんでなくても、空海さんはついていてくれるのです。

私のように、ピックアップしたお寺をいくつか回る場合でも、八十八霊場のお寺からお寺に移動する間、守ってくれます。

事故や怪我、病気など、この世のアクシデントから守ってくれて、さらに見えない世界の「魔」からも守ってくれます。神峯寺〜善通寺は途中、ホテルに一泊しましたが、日にちが変わるのも関係なかったです。

四国を車で走っていると、道をトボトボと1人で歩いているお遍路さんを見かけます。

白衣を着ていて、その背中には「南無大師遍照金剛」と書かれており、空海さんを背負って歩いています。

暑い暑い夏の日中に、長い距離を歩くのは苦しくしんどいであろうに、空海さんを信じて無心に歩く……その姿を見ていたら、涙がどーっと出ました。

神様仏様を信じる心は美しい、としみじみ思います。

そして、空海さんがこのお遍路さん1人1人と、一緒に歩き、守ってあげるその気持ちが痛いほど伝わってきました。

お遍路さんは空海さんの、大事な大事な「お弟子さんの1人」なのです。

善通寺　空海さんが浄化した清浄な土地にいる薬師如来さん

善通寺は空海さんの生誕地ということで、このお寺の参詣がとても楽しみでした。

車を駐車場に入れそこから歩くと、西院（誕生院）からのお参りになります。御影堂（大師堂）にはそこそこ多くの人がいて、賑わっていました。

御影堂の奥からは5色の紐が延びています。これは「御手綱《みてつな》」といって、奥殿の空海さんの手とつながっているそうです。この紐を手に取って「南無大師遍照金剛」と唱えると、空海さんと縁が結ばれると書いてありました。

御影堂前の売店では、お遍路グッズなどを販売しており、ここも人が多くいました。お遍路を回るのに、1番札所ではなく善通寺を出発点にする人も多いのだそうです。

賑やかで華やかな雰囲気でしたが、なんかこう、いまひとつ……というのが私の感想です。う

～ん？　と思いながら参拝しました。

御影堂のある西院をざっと回り、それから東院のほうへ行きました。

中門をくぐり抜けて東院の敷地に一歩入って……

「うわー！」と驚きました。

西院とは、土地のパワーがまったく違うのです。その透明感、波動の高さに、立っているのが土の上とは思えません。

この土地は時間を超えて過去と結びついています。空海さんが土地を浄化した、その当時の土地と同化しているのです。ですから年月を経ても変わることなく、空海さんが清めた土地のまま、というわけです。
空海さんはやはり超人的なお方だったのだと思いました。京都の神護寺でもそれを感じました。空海さんが浄化した土地は、１２００年経った今でも変わらず聖域のままなのです。空海さんの土地を浄化する力は生きている当時から仏様並みだったようです。
西院とはもうまったく違うので、訪れた時は東院のほうに長くいることをおすすめします。ここの金堂には薬師如来さんがおられます。

仏像に向かって右横の下から見上げていると、チラ、と目だけでこちらを見ていました。ここの薬師如来さんは額のポッチリ（白毫《びゃくごう》）からではなく、手のひらから癒やしの光を出していました。

「どこか治してほしいところがあるか？」と聞かれたので、体の弱っているところをお願いしました。

そのまま右奥に進むと、五鈷杵《ごこしょ》が置いてあります。注意書きのようなものがあって、読んでみると、「撫《な》でると、身にまつわる因縁、押し寄せる諸悪運を防ぐ」と書かれていました。

ありがたいので、撫で撫でしまくりました。

他の参拝者は、五鈷杵を見るだけで注意書きまで読まず、そのまま行ってしまいます。もしかしたら他のお寺にも五鈷杵は置いてあるのかもしれませんが、パワーが強い土地の上にある五鈷杵です。撫でずに行くのはもったいないです。

五鈷杵が置いてある場所から見た薬師如来さんは、ホッペがプックリして福々しいお顔になっています。

正面から見ると、キリリとした厳しいお顔なので、ホッペプックリは薬師如来さんの慈悲に触れたようで、なんだか嬉しくてほっこりした気分になりました。

ここはとにかく土地がすごいので、お参りが終わってもサッと帰ったりせず、少しブラブラしたほうがいいです。

私の今回の四国霊場巡りは、３ヶ所のみで、ここで終了でした。空海さんとはここでお別れしましたが、四国を出るまで守りは続いていました。

たった３ヶ所とはいえ、お遍路をすると空海さんがとても身近に感じられます。四国を離れる時は、寂しくて涙が出ました。

空海さんを身近に感じてみたい人は、少なくとも２ヶ所以上の霊場を参拝するといいです。お寺からお寺に移動する時に、空海さんがそばにいてくれるので、そこでいろいろ感じることもあると思います。

私もいつか、ちゃんと全部の八十八ヶ所巡りをする、本物のお遍路さんをしてみたい、と思いました。

善通寺　四国八十八霊場第75番札所・香川県善通寺市善通寺町３の３の１

第６章
元伊勢

《宮津市》籠神社

《宮津市》真名井神社

《福知山市》皇大神社

《福知山市》皇受大神社

元伊勢　宮津市　籠《この》神社と真名井神社

籠神社は、京都府宮津市の天橋立に近い場所にある神社で、「元伊勢籠神社」と呼ばれています。

「元伊勢」とは、過去に伊勢神宮があったとされる場所のことです。

伊勢神宮の神様は、もともと宮中に祀られていました。それが崇神天皇の時代に宮中を出られて、伊勢の現在地に鎮座するまでに、各地を転々としています。

およそ90年をかけて（諸説あります）、伊勢に遷《うつ》られたそうです。伊勢に落ち着くまでに、20ヶ所以上も遷座を繰り返し、いろんな土地へ行っています。

その一時的に祀られた場所が「元伊勢」なのです。

場所については、日本書紀やその他の文献に書かれているのが古代の地名なので、それが現在のどこを指すのか……わかっていません。

文献に記載されている土地のほとんどに、何ヶ所か候補地があるのです。

たとえば、「但波（丹波）国の吉佐宮」には候補地が4ヶ所あって、そのうちのひとつが、真

名井神社（籠神社奥宮）というわけです。

籠《この》神社の境内に入って最初に目に飛びこんでくるのが、狛犬です。手足が太く丸く作られていて、それがなんだかゆるキャラっぽく、そのうえちょっと特徴のある顔も愛嬌があります。思わず「かわいー♪」と言ってしまいました。

するとその瞬間、狛犬の目がジロリとこちらを向き、思いっきり睨まれました。

この狛犬は鎌倉時代作で、重要文化財でもあり、何やらいろいろと伝説もあります。中に入っている眷属をよく見ると、とても威厳のある雰囲気で、眼光が鋭く少し怖い感じがしました。気性が荒いのかもしれません。

もちろん、私についている子犬クラスの狛犬とはレベルが違います。「中に入っておられたのですね、失礼致しました。お許しください」と頭を下げて謝りました。

狛犬の石像は見た目が犬みたいだし、可愛いからと、頭をよしよしと撫でている人がいるかもしれません。実際、そのような行為を神社で見たことがあります。

悪気なく、好意の表れでしているのでしょうが、やめておいたほうがいいように思います。

中に何も入っていないただの石像なら問題ないのですが、この神社のように力の強い眷属が入っている場合があります。そういう狛犬は大変厳しかったりするので、〝撫でる〟という行為は失礼になります。

早朝の境内をブラブラと見ていたら、若い神職の方が、「おはようございます」と挨拶をしてくれました。

私はよく、あちこちの神社で早朝から境内をブラつくことが多いのですが、神職の方から挨拶をされることはほとんどありません。しかも笑顔だったので、この日は朝から爽やかな気分ですごすことができました。

この神社に鎮座されている神様は、伊勢神宮の神様とは違います。ご神気が違うのです。そしてこの日、籠神社の神様はお留守でした。はるばる来たのに……と残念でしたが仕方ありません。

元伊勢は奥宮の真名井神社のほうだということで、気を取り直して奥宮である真名井神社に行ってみました。

真名井神社は、伊勢神宮の外宮の神様がいた神社だと言われています。そして、そこに内宮の神様が来て、一時期、内宮と外宮の神様が一緒にいたそうです。

籠神社から歩いて10分くらいで到着しました。

真名井神社は、神聖な明るさがある森の中、という今までに出会ったことがない独特の雰囲気で、神社という感じがしませんでした。

ご神木もあって、古代の祭祀は、今のように神社神社した形式ばった場所でするのではなく、こういう自然の中の広くてひらけた神聖な場所でしたのだということがわかります。神様も降り

てきやすかったのかもしれません。

自然と神様と太陽と森、新鮮な空気、そういったものが混じり合った古代の祭祀場の雰囲気が色濃く残っていました。

ここの神様のご神気も、優しくまろやかで、自然が感じられます。でもそれは、伊勢神宮の神様の「気」とは全然違います。この境内では、伊勢神宮の「気」はまったく感じられませんでした。

そして、なぜかここの神様もお留守だったのです。空っぽで誰もいません。

どういうことなのだろう？　と不思議でなりませんでした。

ここまでを読んで「神様は昔に、伊勢に行かれたのだから、それで空っぽなんじゃない？」と思われた人がいるかもしれませんが、そうではないのです。どちらの神社にも普段は神様がいます。いる気配なのです。

それは伊勢神宮の内宮・外宮の神様ではなく、別の神様です。それが、私が参拝したその日は、どちらもお留守で空っぽだったのです。

たまたまなのか、普段からよくお留守にされているのか……？

神様がいたら、ここが元伊勢かどうかわかるかもしれない、と思って来たのですが、お留守なのでそのへんの真相がまったくわかりませんでした。

ここは但波国の吉佐宮なのだろうか？　などとあれこれ考えていたら、真相を知りたい！　という気持ちが猛烈に湧いてきました。

その時、福知山市にある、もうひとつの吉佐宮の候補地の元伊勢が、映像としてバーン！　と目の前に大きく現れました。私はかなり前に、福知山市の元伊勢にも行ったことがあるのですが、当時はわかる能力が低かったので、参拝しただけで帰りました。

これは、福知山市の元伊勢に行けば何かがわかる合図なのだろうと思い、そこで急きょ予定を変更して、福知山市に向かいました。その日は宮津市のお寺をいくつか回って、温泉にも浸かって帰ろうと思っていたので、予定の変更は非常に残念でしたが、せっかくいただいたサインです、そちらを優先することにしました。

とりあえず、天橋立にだけ立ち寄って、宮津市をあとにしました。

籠神社　京都府宮津市字大垣４３０

元伊勢　福知山市　皇大神社《こうたい》と豊受大神社《とようけだい》、伊勢神宮とのつながり

籠《この》神社でいろいろな疑問を感じた私は、その日の午後、福知山市の皇大神社と、同じく外宮にあたる福知山市の豊受大神社を訪れました。

この福知山市の元伊勢には過去に一度、参拝したことがあります。10年くらい前だったと思うのですが、いつだったのかはっきりとは覚えていません。

まず、皇大神社です。長い参道を登って、境内に入ります。

参道からすでに感じるこの神社の「気」は、古くて薄くなってはいますが、伊勢神宮と同じです。参道の遠い過去に意識を合わせると感じやすいです。

黒木の鳥居をくぐって、本殿に向かって手を合わせていたら、後ろから足音が近づいてきました。

誰か参拝者が来たようで、本殿の正面、ど真ん中で拝んでいた私は焦りました（それまで境内にいるのは私１人だったのです）。早めに切り上げて、端によけなきゃ、と思いました。

慌てて話を終わらせ、場所を譲りながら後ろを振り返ると……誰もいません。

たしかに、ザッザッと歩く音が近づいてきていたのに、境内には人っ子一人いなくて。シーンとしています。不思議でしたが、何も見えないし、まぁいいか、と気にしないことにしました。

本殿から離れて、摂社末社を見て回り、さざれ石を写真に収めていたら、またしてもハッキリ

とザクザクと歩いてくる音が聞こえました。振り返ると、誰もいません。

神域ですから幽霊のはずがないし、なぜ姿を見せてくれないのか、不思議でした。

そして驚くことに、ここの皇大神社の神様も……お留守だったのです。

何がなんだかさっぱりわからないまま、天岩戸神社を参拝し、元伊勢の旅も最後となった豊受大神社に向かいました。

以前に来た時は、豊受大神社の境内でスズメバチが顔面に激突してくるというハプニングがありました。今回も「帰ってちょうだい」的な仕打ちをされたらどうしよう……と思いつつ、石段を登りました。

ふと見ると、本物のヘビがニョロニョロと石段の中央から、端のほうへ這っています。

眷属だ！　と思った私は、「待ってー！　写真を撮らせてー」とお願いしましたが、このヘビは待ってくれません。

ニョロニョロと石段から、石段脇の草むらに移動しています。必死でカメラをカバーから取り出し、電源を入れ、慌ててシャッターを切りましたが、尻尾しか写せませんでした。

ヘビはそのまま草むらの奥に逃げてしまいました。

「しまった〜、うっかりしていて、バレてもた」みたいなことを言っています。這っていたヘビは実物の生物ですが、眷属のヘビが宿っているのです。

私がここの神社の神様とは相性がよくない、もしくは一番強い眷属によく思われていない、ということを知っているような口ぶりです。

そこで強引に話しかけてみました。

何をしていたのか聞いてみると、「留守番をしていた」としぶしぶ答えます。神社の留守を任されているので、参道で神社を守っていた、と。

え？　留守……？

なんと、ここの神様もお留守だったのです。

元伊勢と言われている神社、４つともがその日はお留守、というわけです。それは一体どういうことなのだろう？　と思いました。

ヘビが答えてくれるかどうかわかりませんでしたが、神様はどこへ行ったのか聞いてみました。

すると、「伊勢神宮」と意外とあっさり答えてくれました。年に一度、伊勢神宮に関係のある神様は伊勢神宮に集まって会議をする、と言うのです。

「えー！　そんな話、初めて聞いたけど！」

一瞬、ヘビの話を疑いましたが、そこで思い出しました。

私の生まれ故郷の山岳系神様のお山には「山止め」の期間が1週間あります。その期間は、あちこちから神様が来て、会議をするのだそうです。

それはいつだったか明確な日付は覚えていないが、秋だったことは確実、と母や叔母たちが言っていました。そのような感じで、伊勢神宮でも会議をしているようです。

このヘビは悪いヘビではなく、神様の眷属、神獣のヘビですから絶対に嘘はつきません。情報は本当だと思われます。

本殿で手を合わせてみると、豊受大神社の神様もお留守で、本殿内はスカーッと何もなく空っぽでした。

ここの神様（もしくは一の眷属）と私は相性がよくないので、普通に参拝すればシャッターを閉じられたようになります。ですが、この日はお留守だったので、神様の「気」をしっかり感じることができました。

とても爽やかな、風が通り抜けて行くような、さっぱりとした感じの、よい「気」です。ほ〜、こんな神様だったのね、と思いました。

おみくじを引いてみようかな？　とおみくじまで引いてみました。すると、とてもラッキーな運勢が書かれていて、なんだかほっこりしました。

ここでわかったのですが、皇大神社での足音はどうやら留守番をしていた眷属だったようです。

籠神社の神様も、真名井神社の神様も、伊勢に行っているということは、伊勢神宮にゆかりのある神様です。ただ、元伊勢はどちらなのかと聞かれれば、私個人の意見ですが、神社の「気」から言って、福知山市のほうかなと思います。

このように神様がお留守にしている場合、参拝するのは無駄なの？　と思われるかもしれませんが、留守番の眷属がしっかりと聞いてくれるので問題ありません。神様がお戻りになった時、ちゃんと漏らさずに報告していますから、心配はいらないです。

私が元伊勢めぐりをしたのは、２０１４年10月30日でした。10月8日に伊勢神宮を訪れた時、会議はしていませんでした。

ということは、伊勢神宮での集会は、10月の月末あたりだと思われます。
期間のことは、ヘビは教えてくれませんでしたが、1週間程度なのではないかと思います。

皇大神社　京都府福知山市大江町内宮217

豊受大神社　京都府福知山市大江町天田内60

第７章

神在月の出雲大社

日御碕神社

出雲大社

日御碕《ひのみさき》神社　龍蛇神と境内のお稲荷さん

神在月の出雲へ行きました。

私が行った日は、出雲大社が神々をお迎えした翌日、神在祭2日目でした。

この日は台風並みに風が強く（最大瞬間風速29メートルでした）、海が荒れていました。全国的に上空に強い寒気が流れ込んでいて、とても寒い日でした。

出雲地方に到着した私はまず最初に、稲佐《いなさ》の浜《はま》を目指しました。神在祭で、全国から来る神々をお迎えする神迎神事が行なわれる海岸です。

写真で見ると、弁天島という大きな岩があって、なんとも言えない魅力ある風景です。

早速、砂浜に降りてみましたが、波が荒く、風もびゅーびゅー吹いていて猛烈に寒かったです。そのせいで、ゆっくりできませんでしたが、神聖な場所であり、心に残る一幅の絵のようなそんな海岸でした。

数名の観光客が写真を撮っているところで、地元のおじさんが弁天島に向かって、手を合わせ、

深々と拝礼していました。人が見ているとか、カッコ悪いとか、そんなことはまったく気にせずに、神様に対して礼を尽くし、長い間体を折ってお辞儀をしていました。

私はこういう光景に胸を打たれます。神仏を敬う気持ち、信仰心はなんて純粋なのだろうと感動します。このおじさんは弁天島にいる神様にたくさんの恩恵をもらってるのだろうな、と思いました。

稲佐の浜を見て、それから日御碕神社に向かいました。日御碕神社は出雲大社から車で20分ほど行った海岸沿いにあります。

この神社は、メインの社殿が「日沈《ひしずみ》の宮《みや》」で中央にあります。

その向かい側に数メートルほど高い位置に建てられているのが、「神の宮」と呼ばれる社殿です。

私が行った時、どちらの神様もお留守でした。

これはあとからわかったのですが、どちらも出雲大社に行かれていたのです。

最初はそれがわからずに日沈の宮で手を合わせるとお留守だったので、おかしいなと思いました。境内は確実に強い神様がいる波動なのです。いないはずがないんだけど……と自分の能力を疑いました。

神の宮に行って、正面で写真を撮り、手を合わせてみましたが、ここにも神様の気配はありません。

「気」から感じる神様は、優しく懐の深い神様のようでしたが、お留守なのです。

どうしてなのだろう？　とまだ真相がわかっていなかった私は、きっと来たばかりで波長がうまく合っていないせいだな、と考え、境内をブラつくことにしました。

摂社末社のあたりを歩いて、山手のほうへ行くと赤い鳥居があります。

お稲荷さんかな？　と〝確認のためだけ〟に、鳥居の下からのぞいてみました。すると、石段の上に眷属がいて下を見おろしており、私とバッチリ目が合ってしまいました。うわぁ、しまった、どーしよー、と焦っていると、眷属が上から睨んでいます。このまま参拝しないという失礼は許されないだろう、と思ったので、仕方なく石段を登りました。

睨んでいた眷属が厳しそうだったせいもあり、いつもより丁寧に自己紹介をし、本に書くかもしれない話もしました。遠方から来ているため、コンスタントに参拝はできません、申し訳ございません、と先に謝罪もしておきました。

すると、神様に「お前みたいに礼儀正しいやつはいない」と言われました。みんな願い事だけを言って、サッサと帰っていく、とのことです。失礼なやつが多い、とこれは眷属が嘆いていました。

でも、それもなんとなくわかります。ここを訪れる参拝者にとって、メインは日御碕神社の神様で、来てみたらお稲荷さんもあった、じゃあついでにちょっと手を合わせていこうかな、くら

いの感覚なのでしょう。

本に書く場合、失礼な参拝はしないよう書いておきます、と言うと「うむ」と答えが返ってきました。他にも話をしましたが、なかなか優しいお稲荷さんでした。帰りには「気をつけて帰りなさい」と声もかけてくれました。

石段の下まで降りて、写真を撮り忘れたことに気づき、また上まで登りました。

「写真を撮り忘れたので撮らせてください」とお願いすると、お稲荷さんは笑っていました。

お社の写真を撮り、次に狛犬……というか、狛狐に「撮りますよ」と声をかけました。すると、狛狐の像に入っている眷属が「うむ」と頷いて、背筋を伸ばしアゴを引いて、ポーズを取っていました。

あちらの世界でポーズを取っても、写真に写るのは石像で、形は変わらないと思うのですが〜、とツッコミを入れそうになりました。なんだかすごく可愛い感じがして、神獣って心が美しいのだなと思いました。

このお稲荷さんは眷属が厳しめなので、参拝する時は、鳥居の手前と石段を登りきる直前に礼をするといいです。帰る時は、逆で、石段を降りる前と鳥居を出たところで礼をします。周囲に誰もいなければ、声に出して挨拶すると、なおよしです。

遠方から来る人は、コンスタントに参拝できなくてもよいとのことでしたが、一応そのことはお話したほうがいいです。ただし、お願い事が叶った場合は、お礼に行きます（それも慌ててすぐに行かなくても、行ける時で大丈夫です）。

眷属の姿は見えましたが、お稲荷さん自身は見えませんでした。雰囲気から察するところ、金色の狐のお姿のようでした。

ここのメインである日沈の宮の神様は、海の神様です。神様の「気」が、まごうことなき海の神様、なのです。日沈の宮の右手の小さなお社にいた神様に確認したところ、「そうだ」とハッキリした返事をもらいました。

普段は、経島《ふみしま》という場所にいて、海を守っておられるそうです。

日沈の宮の拝殿の中は、奥のほうにご祭神が祀られています。入ってすぐの間の、右脇に、小さなお社が設置されていました。神在月だけ参拝が可能だという「龍蛇神《りゅうじゃしん》」という神様です。

小さなお社の横にはのぼりがあり、それにはとぐろを巻いたヘビの絵が描かれていました。

勉強不足の私は、この時、龍蛇神という神様が誰なのか知りませんでした。聞いたこともありません。

「ヘビの神様なのだな」と、そう思っただけで、特別何を考えるわけでもなく手を合わせました。

祝詞をあげていると、驚くことにその小さなお社から、小ぶりの龍が、ひゅーん！　と天に向かって飛翔しました。細くて黒っぽいので、見ようによってはヘビに見えないこともありません。ですが、立派な龍です。

あとで調べてみると、龍蛇神という神様は、八百万の神が出雲に来られる時の先導の役目をするそうです。

神在月の頃、出雲の海岸には海ヘビが打ち上げられることがよくあるそうで、そのヘビと混同されたのか、描かれる姿はヘビばかりのようです。神様からすれば「ワシ、ヘビちゃうねんけどなぁ」と訂正したい気持ちなのではないかと思いました。

日御碕神社は、砂のお守り「御神砂守」が有名です。いただいた説明書きにはこう書かれています。

【日御碕神社の「お砂」は古来、出雲屋敷と申す地鎮祭の鎮め（しずめ）ものとして用い、神社敷地と同じ清らかな屋敷になるよう、お清めとして使う「お砂」でありますが、昭和四十年に群馬県の堀田靖二氏が新店舗の地鎮祭の為「お砂」を戴き、たまたま交通事故で医師から見放された友人に塗り付けたところ一命を取り留め、しかも全快従前どうりの運転手の仕事が出来るようになり、その他交通安全、車酔止め、悪霊退散等不思議な奇跡体験者が多数となり……（以下省略）】

この「御神砂守」は、こちらから申し出ないと出してもらえず、たしかに表には並べられていませんでした。でも、社務所の壁には「御神砂守500円」と書かれていて、うっかり忘れていても大丈夫なようになっています。色は3色あって選ばせてもらえます。

神社を出て、風がびゅーびゅー吹き荒れるなか、裏手の海岸へと行ってみました。

海の神様だから、海へ行けば交信できるはず、と思ったのです。

大しけの海に出ると、右のほうに大きな岩がありました。岩のてっぺんに鳥居とお社が見えます。あとから調べて、これが経島《ふみしま》だったと知るのですが、先入観なしに見た私の感想は、島というより岩でした。ありえない大きさのでっかい岩で、ここは神様が居ることができる場所だな、と思いました。

海の神様は、普段はここにおられるようです。

やっぱり海の神様だ、ということはわかったのですが……出雲大社に行かれてお留守だったので、お会いできませんでした。

出雲大社の近隣の神様は、いつも近くにいるわけで、神在月にわざわざ行くという発想がなかったのですが、年に一度の大事な会議です。行かないわけがないのですね。

いろいろと貴重なことを教えてもらえた日御碕神社の参拝でした。

日御碕神社　島根県出雲市大社町日御碕455

神在月の出雲大社　その１　集まった神々とその詳細

出雲大社は言わずと知れた島根県出雲市にある神社です。

読者の方から、「神在月に神様は出雲へ行くというのは本当ですか？」「神無月に神社に行っても神様がいなければお願いは届いていないということでしょうか？」「それは新暦ですか旧暦ですか？」等の質問を、ブログを始めた時から多くもらってきました。

私としてもそこは是非知りたいと思い、平成25年の10月に出雲へ行く予定を立てていました。しかし、仕事で急なシフト変更があったり、私の体調不良などで、結局その年は出雲へ行くことが叶いませんでした。

まだ私には、知るのは早いということなのだな、と理解してこの年の参拝は諦めました。

平成26年の秋になると、また「行ってみたい！」という気持ちが高まってきて、予定を立てました。

そこで問題になるのが、神々が出雲へ行くのは新暦な

のか旧暦なのか、です。

日本全国の神社がお正月を新暦でしているし、他の行事なども現代の暦に合わせています。出雲へ行くことだけが旧暦、とは考えにくいので、私は新暦の10月なのではないか？　とずっとそう思っていました。

そして、ここがまた不思議なのですが、予定を立てる時に、なぜか……本当になぜか「出雲大社が行なう神在祭に合わせて行ってみよう」と思ったのです。いまだにどうしてそう考えたのかわかりません。謎です。実際、その前年は新暦10月に行く計画だったのです。

神在祭に行ってみようと思ったその日にホテルを予約しました。平成26年の神在祭は、12月1日夕刻〜12月8日夕刻です。

神在祭2日目の早朝に出雲に到着し、稲佐の浜・日御碕神社と参拝して、出雲大社へと向かいました。

出雲大社の銅鳥居（拝殿に一番近い鳥居です）をくぐって、拝殿を左に見ながら奥へ行き、本殿を見た瞬間、「ああ、たくさんの神々がここにいる！」とわかりました。

本殿周辺の波動と「気」の密度が、境内の別の場所と全然違うのです。さらに、他の神社とも違っています。

神様が数柱いる密度とは、桁違いなのです。

前回参拝した時（その約2年前です）は、本殿が改修中で八足門《やつあし》が閉じられていましたが、今回は開放されていました。早速、中に入ってみると、楼門も開放されており、本殿の階段が見えました。見ることができたのは階段だけなのに、特別な威厳に圧倒されました。

本殿正面で手を合わせてご挨拶し、本殿の東（右側）に回ります。

そこには長屋のような作りのお社があり、大勢の人が参拝するために列を作って並んでいました。十九社といって、全国から来られている神々の宿舎となっているのです。

前回来た時は、十九社の扉は閉じられていましたが、神在祭の今回はすべて開放されていて白いカーテンみたいな布がかかっていました。その布が風にさらさらとなびいて、中が見えそうで見えない、という状況でした。

宿舎内はどうなっているのか、「チラッと見えないかなー、見たいなー」と結構、十九社の端でねばったのですが、結局見えませんでした。

十九社の横のお社は仮の素鵞社《そがのやしろ》になっていました（素鵞社は改修中でした）。そのまま裏側へと回ります。東側から裏にさしかかる時に、目の端に本殿が見えたのですが、なんと！　黄金に輝いていました。

「えぇーっ！」と慌ててよく見ると、普通の木の色をしています。

でも、別の所を見たり、空を見たりして、視界の端でとらえた時は、黄金に光り輝いているのです。これは多くの神々が集まっていて、その波動が密集しているからだと思われます。

本殿の空間はすごいことになっていました。

通常と違って、本殿のお社には古代色が強く出ています。言葉で説明するのが難しいのですが、周囲の空気が古代と入れ替わっているというか、本殿自体も目で見ると現代の建物なのですが、建物の霊体（あるのかどうかわかりませんがそういう感じです）が、古代の神殿そのもので、重

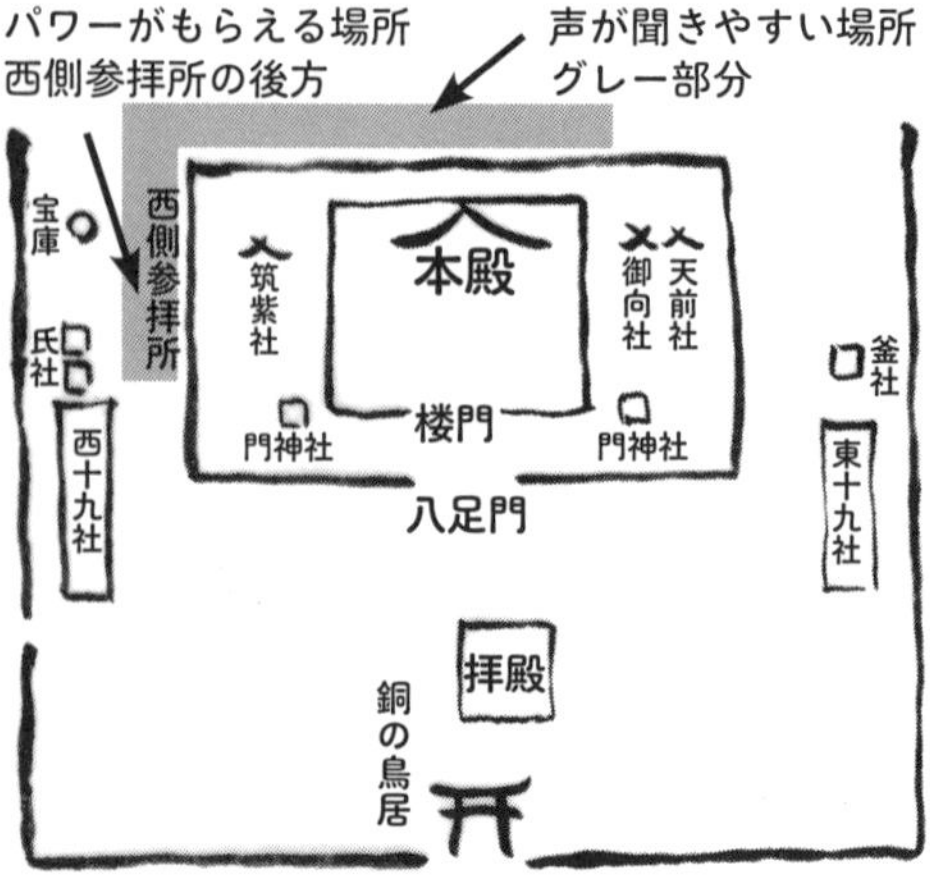

なって見えるのです。理由は不明ですが、本殿の空間が古代になっているのでした。
そこに、想像をはるかに越えた数の神々が日本全国から集まっていました。
私は出雲大社では、本殿の裏から西側（本殿向かって左側です）にかけての場所が、一番声が聞きやすいです。この場所にさしかかった時に、いろいろと教えてもらいました。
まず、神々が集まっていることはわかったので「各地から来た神様は、全員で円座になって会議をするのですか？」と聞いてみました。イメージではそんな感じがし

たからです。

すると、そうではない、と言われました。

神々はそれぞれの神格や波動で、レベルが分かれているそうです。これは誰かに〝レベル分けされている〟ということではありません。自然と分かれてしまうというか、各々そこへ行くというか、そんな感じなのです。

そして、同じレベルの神様同士で話し合うそうです。

その光景を見せてくれたのですが、これがすごいです。

本殿の上空に、とてつもなく大きな、〝透明の〟ビルがある……と想像してみてください。透明なので中が透けて見えます。その各フロアに、ビックリするくらいの神様がいるのです。芋の子を洗うような……という表現は失礼ですが、そういう感じです。

うわぁ～、すごーい、と思わず声が出ました。

レベル分けって、どれくらいに分かれているんだろう、と疑問に思いながら、ビルの上方を見ていたら、「7階建てだ」と教えてくれました。

4～5階くらいまでは見えるのですが、そこから上は波動が高すぎてよく見えないのです。「へ～！　7階もあるのか」と思っていたら、「古代は13階だった」とさらに驚くことを言われました。

古代は日本全国の神様全部（山岳系神様は除きます）が、出雲大社に来ていたそうです。たくさん来ていたから、レベルもたくさんあったと言います。

古代の日本の人口は微々たるものでしたが、時代とともに徐々に増えていって、居住地域も広がり、それに伴って神社も次々と作られ、神様も増えていきました。

それで700年前くらいに、大きい神様（神格が高いだけでなく、強い力を持った、幅が広い神様←説明が難しいです）のところで、その神様にゆかりのある神々はそこに集まって会議をする、というシステムに変わったそうです。

つまり、それまでは出雲に一堂に会していたシステムを、日本全国で何ヶ所かに分割して集まることになった、というわけです。

伊勢神宮にゆかりのある神様は伊勢神宮へ、宇佐神宮にゆかりのある神様は宇佐神宮へ行く、とわかりやすく説明してくれました。

私はそこで初めて、宇佐神宮ってそのような大きな神様がいる神社だったのね、と知りました。それまでは名前だけしか知らなかったのです。山岳系神様は、山岳系神様のもとにそちら系の神々が集まってくるので、出かけていかないそうです。

そしてお稲荷さん系は伏見稲荷大社へ行くそうです。そこで、ああ、なるほどつながった、と思ったことがあります。

伏見のお稲荷さんに、「もしも地方の稲荷を怒らせてしまって、謝罪しても障りが取れない、許してもらえない場合は、ここに来なさい」と言われたことがあります。

伏見のお稲荷さんがおとりなしをしてくれる、という話だったのですが、私は伏見のお稲荷さんが面識のない、その怒っているお稲荷さんのところに、わざわざ行ってくれるのかと思っていました。会ったことのないお稲荷さんだけど場所はわかるのかな、説得できるのかな、と思ったのです。

伏見稲荷では年に一度会議があるので、全国のお稲荷さんは残らず伏見に来るわけです。つまり、伏見のお稲荷さんは全国のお稲荷さんを知っているのです。なるほど～と思いました。

出雲の神様が言うには、ゆかりの各神社の会議の日程はそれぞれだということで、全国一斉にこの期間、というふうには決まっていないそうです。

たしかに弥生時代とか古墳時代とかの古代に比べたら、神様も飛躍的に増えています。それが昔のように、全員の神様が一ヶ所に集まるとなると……空間が破たんしそうな気がします。

これは私の想像ですが、神格の低い下々の神様は、ゆかりのある神様のところで会議に参加し、その会議を開いた大きな神様は出雲へ行くのではないかと思います。下々の神様は出雲へ行かず、そこそこの神様だけが出雲へ行くため、階数が減ったのではないか……と思いました。単純に下から上へ一本のライン状の階級ではなく、別の次元というのもありそうですが……。

透明なビルのその上空には、龍がたくさん飛んでいました。

面白いのは、龍は思い思いに飛んでいて、自由気ままなのです。多分、ほとんどが眷属でしょうが、中には神社の神様として来ている龍もいるはずです。それなのにこの自由さ……と考えると、やっぱり龍だな、と思ってしまいます。

太宰府天満宮の神様も来ているはずで、何階にいるのだろう？と思っていたら「4階だ」と教えてくれました。

初詣や受験シーズンになると、参拝客がどっと押し寄せる太宰府天満宮ですが、人間が神格化した、それも平安時代という比較的最近の神様なので、4階なのかな、と思いました。

ちなみに、この神格と人間の願い事を叶える力は比例するとは限りません。1階にいる神様だから、叶える力が小さいとかそういうことではないのです。

あくまでも階層は神様同士の波動や神格の話であって人間には関係ない部分です。1階の神様も7階の神様も、人間の願いを叶える程度の力は大差ありません（天気を変えるとか、そういう力は神格と関係してきますが）。

「たくさんの神々がいるこの時期に、ここに来てお願い事をしたら、あちこちの神社に行かなく

ても1回で済むし、それにたくさん神様がいるから、叶いやすい……ってことでしょうか？」

そう聞くと、出雲の神様は、ハハハと笑って「それはならぬ」と言いました。

集まっている神様方は会議をしに来ているので、いわば出張先の出雲大社でお願いごとを聞くことはないそうです。

さて、その会議とは一体何を話しているのか？　が気になるところです。私も聞いてみました。

すると、古代は、〝どういうクニにするか〟を話し合っていたと言います。

日本というこの国を、どんなふうに作りあげていくのか……つまり、国民性とか人間に関わることから、産業とか、国をどう発展させていくかなどを話し合っていたそうです。

現在も似たような議題ではないかと思うのですが、今の時代のことは残念ながら教えてもらえませんでした。

神在月の出雲大社　その2　神在祭期間の出雲はすごい

出雲大社参拝を終えて、隣りにある古代出雲歴史博物館を見学しました。

メインの展示物は、２０００年に発見された「宇豆柱《うづばしら》」と古代の巨大神殿の模型です。

古代の出雲大社は高層建築だったということですが、この模型も建築家によって意見が違い、何パターンか候補がありました。

大きく展示されている模型が有名なのですが、他の模型もそれなりに現実味があって興味深かったです。

博物館を出て、この日の最終目的地、須佐神社に向かいました。

前述したように、この日は日本列島上空に寒波が来ていて、山陰地方は荒れたお天気でした。

前日の夜、自宅を出る時は高速道路になんの規制もありませんでした。米子《よなご》道に入ってから、猛烈に荒れ

てきたのです。
強風でハンドルが取られそうになり、風だけでなく、雪もバババーッと降ってきました。変な表現ですが、高速で運転してるので、そういう感じで雪がフロントガラスに迫ってくるのです。
ひゃー！　と真っ青になりました。
蒜山《ひるぜん》高原あたりになると、雪で先が見えにくい状態になり、速度も50キロに規制されていました。やばい！　雪で路面が濡れてしまうと、この強風で凍るのでは！　とものすごく怖かったです。深夜なので路面がよく見えず、ブレーキを踏んだら死ぬ、とまで考えて用心して運転しました。

雪の降り方が尋常ではなく、その時に、「出雲大社に大勢の神様がいらっしゃるのなら、どなたかお1人、ここに来て助けてください、無事に通らせてくださぃ！」と大声でお願いしました。そのおかげでしょうか、吹雪だったのになんとか無事通過できたのでした。

さて、話は須佐神社に戻ります。

出雲大社から須佐神社は結構遠くて、時間がかかります。街なかを通り抜けて、山間部に差しかかったところで、激しく雪が降ってきました。

視界が白く曇るほど大粒の雪が大量に降ってきたのです。路面はみるみるうちに真っ白になり、フロントガラスに雪が積もります。無理だ、これ以上行くと帰れなくなる、そう思った私は即座にUターンしました。

街のほうに引き返していると雪はピタリとやみました。

あとからわかったのですが、実は行っても無駄だから、もう引き返しなさい、ということだったのです。須佐神社の神様も出雲大社に行かれており、お留守だったのですね。

だからもし、行ったとしても、社殿を見て、眷属が話すタイプだったら話をして……眷属が姿を見せなかったら、建物を見るだけ、の参拝で終わっていたのです。

神様がお留守ということは私の頭にはまったくなかったし、夕方かなり遅い時間だったので、途中で止めてもらえてよかったです。

出雲大社には、2日続けて参拝に行きました。

2日目は、朝早く駐車場に車を置いて、まず先に「上の宮」へ行くことにしました。歩き始めて5分くらいいすると、冷たい雨がポツリポツリと落ちてきます。相変わらず寒気が居座っていて、空は真っ黒い雲で覆われていました。今にもザーッときそうです。

車の中に傘はありますが、せっかく歩いた5分ぶんのその距離を無駄にしたくない……とそのまま行きました。

雨はポツリポツリから、パラパラに変わって、道行く人は傘をさし始めています。頭や服が濡れ、気温は低いし、風邪をひきそうだと思いました。

そこで、空を泳いでいるたくさんの龍と、出雲大社にいる大勢の神々に向かって、声をかけてみました。

「たくさんの龍の方々、境内にいる大勢の神様、どなたか雨をしばらくの間止めてくださいませんか、傘を持っていないのです。どうかお願いします」

これだけ多くの龍と神様がいれば、どなたかが必ず止めてくれるはずだと思いました。

お願いしてほんの1分で、パラパラと落ちていた雨は、急にピタッとやみ、上の宮まで濡れずに行けました。

さて、この上の宮ですが、全国から来た神々の会議所になっている、とのことですが……神様は誰もいませんでした。普段、ここにいるであろう神様もお留守で、どうやら出雲大社の境内にお手伝いに行っているようでした。

空は真っ暗で、雨は落ちてくるギリギリで止まっているようでした。写真だけを撮って、来た道を引き返しました。

神在月の出雲はすごいです。

出雲大社の東側には、弥山《みせん》と呼ばれる山があります。寒波が来ていなければ登ろうと考えていた山で、特徴のある木が山頂に一本はえています。

歩いているとそれが見えたので、あれが山頂の木だな、かわいいな、とその木を見ていたら、白い龍が飛んでいて驚きました。上空から下へしゅるるーんと飛んでいて、そこそこ大きい龍です。うわー、白い龍もいるんだー！　と感激しました。

龍で白いのを見たのは初めてです、それくらい白は珍しいのです。

神在月の出雲大社はもう本当に驚きの連続です。

やっと駐車場に戻って、車から傘を「よっこらしょ」と、取り出した途端に勢いよくザーッときました。出来過ぎなのでは……とツッコミたくなるくらい、本当に私が傘を手にした瞬間に、ザーッと降り出したのです。そしてその後は容赦なくザーザーと降りまくりでした。

神在月の出雲大社　その3　神在祭での参拝の仕方

出雲大社2日目の本殿参拝です。

傘をさして、参道の入口正面で写真を撮っていたら、若い男女のカップルが来ました。男性がカメラを持っていたので、写真を撮るのだなと思い、私が写らないよう少し距離を置きました。カップルが行ってから、ゆっくり撮影すればいいやと思っていたので、私はそのへんの木々を見たりしていました。すると、「あ！　写真は撮ったらダメなんだっけ！」と男性が、失敗しちゃった的なニュアンスで言いました。「でも、今日はお礼参りだから、いっか～」そう言ってカップルは鳥居をくぐって行きました。

へー、そういう説があるのね～、と初耳でした。

お礼参りだったら写真OKということは、願掛けに行った時の写真撮影はダメってことなのでしょう。う～ん、と考えてみましたが、理由がわかりません。

私は今まで、一度も、写真はいかん、と神仏に言われたことはないのです。というか、そのような細かいことにこだわる心の狭い神仏に出会ったことはありません。

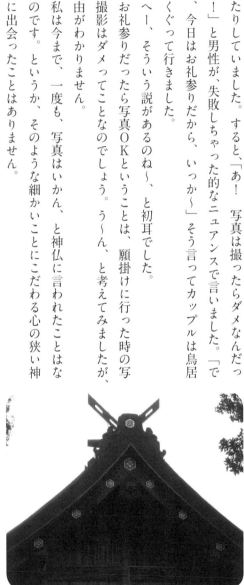

たしかに神社仏閣によっては、写真撮影禁止のところがあります。しかしそれは、神社やお寺の関係者の方が決めたことで、神仏の意思ではありません。

けれど、そういう場所で写真を撮ると、〝撮影〟に対しては神仏は怒ったりしませんが、〝ルール違反〟をしたことに対しては怒られます（他の人は撮影せずに我慢しているのに、自分さえよければいい、自分だけ得したいと撮影したその気持ちを正されます）。

厳しい眷属がいたら、写真は許してもらえないんじゃないの？　と思われるかもしれませんが、写真撮影に関してはまったく問題ないです。写真だろうと動画だろうと、眷属クラスも、何も気にしていないのです。でも、なんだか気になるという人は、神仏に事前にお断わりするといいです。というわけで、過去に許可なく写真を撮ったから神仏や眷属が怒っているかも……と不安にならなくても大丈夫です。

参道を歩き銅鳥居をくぐって、拝殿を抜け、本殿が目に入るあたりから、やはり波動が超絶であることを確認しました。

「みっちり」「高濃度」「高波動で色がとぶ」という感じで、とても神々しいのです。

年に一度、このように高い波動が凝縮されるから、空間が浄化され、あらゆるものが祓われて、ここはずっと聖地なのだと思いました。

神在祭の間だけなのでしょうか、「龍蛇神」と看板が立てられた大きなテントが、拝殿東に設置されていました。前日は、参拝する人がずら～っと並んでいたので、素通りしたのですが、この日のテント内は空っぽでした。

ラッキー！　と中に入ってみると、そこにはやはり、ヘビがとぐろを巻いた像の龍蛇神が祀られていました。龍なんだけどな、と思いながら手を合わせました。

出雲大社では龍蛇神のお姿は見えませんでした。

海から来る神様だから、海の神様の日御碕神社のほうに滞在しているようです。この神様に会おうと思ったら、日御碕神社まで行かなければなりません。


神道での参拝方法は、二礼二拍手一礼ですが、出雲大社は4拍手、となっています。なので、参拝時は4回、柏手を打ちます。でも、中には普通に2拍手で参拝している人もいましたし、私も独自の柏手の打ち方なので（266頁に詳しく書いています）、2拍手で拝みました。

すると4拍手をした人が、2拍手して手を合わせている人をジロジロと見るのです。その視線には、この人知らないのかしら？　というちょっとネガティブな感情が入っていました。

そこで「ここでは柏手は4回しなければいけないのでしょうか？」と神様に確認したところ、「柏手は、打てばそれでよい」という言葉が返ってきました。

パンパンと柏手を打てば、それで神様は出てきたり、聞く準備に入ったりするそうです。

その説明から、2回でいいのだなと思いましたが、一生懸命4拍手している人のことも神様は可愛いわけです。それで回数にはこだわらなくてもよい、と言われたみたいです。どの人のことも大事に思うお気持ちが伝わってきました。

柏手は2回でも4回でもいいということなので、変にこだわることなく、気も遣わずに、自分のやり方の参拝でOKです。

本殿の裏から西側へさしかかる場所で、神様とお話をしていると、透明のビルから神々がこちらを見ていました。全員ではないのですが、各階のフロアからすずなりに見ている感じです。

そこで、その大勢の神様に向かって、私が今努力していること、この先の目標、今後どう生きていきたいかなどを話しました。

各フロアで「識子、か?」「識子?」「識子らしい」と神々が話しているのがわかりました。いくら神々が注意を向けてくれても、ここで願うのは意味がないと言われたので、「もしも、神様方の神社に行きました時は、どうぞよろしくお願い致します」と、挨拶だけにしておきました。

これは私だけが特別扱いされているということではありません。

ですので、これを読んでいる皆様も、神在祭期間の出雲大社へ行った時は、本殿西側でコンタクトするといいです。

出雲大社の神様は本殿の中で西を向いているせいか〝西側参拝所〟が設置されています。その場所から少し後方へ下がった所、ここが一番パワーがもらえます。本殿の西の壁がすべて見える場所です。

そこにしばらく立って、パワーをもらい、波動を上げていただくといいです。

私には見えないし、聞こえないから、と思われるかもしれませんが、そのことと神様に可愛がられていることは関係ないです。

西側から本殿上空に向かって、そこに透明のビルがあるんだな、神様がたくさんいるんだな、と想像してそこに向かって話しかけます（心の中でOKです）。

たとえば、こういう仕事をしています、仕事を通じてこのように社会貢献したいと思っています、今後はこのようにしていくつもりです、と自分のやりたいことなどを話します。

それがよいことであれば、神々は会議の途中でも興味を示してくれます。ほー、こういうことを考えている人間がいるのか、と。手伝ってやろう、と思ってくれる神様もいるはずです。

そこで、「神様方の神社に行きました時はよろしくお願いします」と挨拶しておくのです。

挨拶だけでも十分、効果があります。

今後、願掛けをしに行く神様が、出雲大社の会議に出ている神様だったら、願掛けをした時に「おぉ、出雲大社で挨拶しておったあの子ではないか」「よし、手伝ってやろう」と神様も目をかけてくれる、というわけです。

神在月の出雲大社　その4　出雲大社の神様のお姿

参拝の最後に、私自身が一番知りたかった「前回見た大蛇は、眷属なのでしょうか？」という質問をしました。

前回の参拝から2年近くがたっていますが、その間、大蛇が神様だったのか、もしかしたら私は一の眷属を見て神様と勘違いしたのではないか、と悩んでいたからです。その時は声も聞こえませんでしたし、ただお姿しか見えなかったのです。

すると出雲の神様は「ワシだ」と言って、姿を見せてくれました。この神様は男っぽいというか、男気がある感じです。声も太くて低いです。

お姿は前回見た時と同じ、本殿よりも大きな白い大蛇でした。

大蛇はヘビではありません。ヘビよりも龍に近いのですが、龍とも違います。龍はもっと自然に近いです。台風とか

雲とかそういう自然に龍は近いのです。

間近で見る大蛇はどっしりとしていて、おそろしくパワーのある神様だと思いました。

手足がなくてとぐろを巻いているので、見た目はヘビのようですが、違うのです。その証拠に顔が違います。ヘビの顔をしていません。

何に一番似ているかと言うと……某携帯会社のＣＭに出てくる、お父さん役の犬に似ています。あんな感じで、もちろん鼻は黒くはなく白くて、耳もないです。ヘビのように上下に扁平な顔ではないのです。本当に犬のような感じです。美しい顔です。

「前回、参拝した時は何も聞こえなかったし、神様のことがほとんどわからなかったのですが……」と言うと、「人にはなんでも時期がある」と言われました。

たしかに、中途半端にわかるよりは、こうして神在月のことも一緒に、しっかりわかったほうがよかったと自分でも思います。もしかしたら前回参拝時の私の能力と知識では、まだ知るのは早かったのかもしれません。

辞去する時に「どうか、無事に米子道の蒜山高原を通って帰れますように」というお願いもしました。

蒜山高原を通らないとなると大きく迂回をしなければならず、そんな時間の余裕はありません。なんとか最短距離で帰りたいと思いました。

すると「そこを通る時はついていてやる」と言ってくれました。

神様は、真っすぐ歩めとか、間違ったことを書くなとか、人生の指針となる言葉もかけてくれ、迷ったらまた来い、とも言ってくれました。

その言葉をかけてくれている間、神様の顔は私の近くにあり、じーっと私を見つめていました。

そのお姿、神々しくも清らかなまなざし、優しさに感激して、その場で涙をボロボロ流しながら泣きました。いやぁ、周囲に誰もいなくてよかったです。

境内を出て車に乗り込むと、雨が一段と激しく降ってきました。

とりあえず駐車場で待機して、高速道路の交通状況を確認してみたら、米子道は冬タイヤ規制がかかっていました（ちなみにレンタカーはスタッドレスタイヤではありませんでした）。もうすぐお昼なのにこの状況は本格的にまずいのでは……と思いました。

翌日は、なんとしてでも帰らないといけないのです。

明日も米子道、浜田道を通れないのなら、朝から山口県に向かって走ったほうがいいかも、と思いました。高速道路を通らずに大きく迂回して、山口県から瀬戸内海に出たのち、山陽道を走行して帰るコースです。

もしそのコースで帰るとしたら、軽く12時間はかかります。下関まで行かないと瀬戸内海に出られなかったりして……と最悪な状況を考えると、ううう、と頭をかかえずにはいられません。

肝心の山陽道は大丈夫なのかと、もう一回、高速道路の交通状況を見てみると、なんと！　米子道の冬タイヤ規制が解除されていたのです。

その時の心境は「奇跡だ！」でした。

翌日も寒波が居座っているという予報だったので、今後天候がどうなるのかわかりません。帰れるのなら、もう今帰ろう！　と即座に決心し、ホテルをキャンセルして、出発することにしました。

出雲、松江地方には有名な神社がたくさんあります。

その中のいくつかを回る予定でいたのですが、よくよく考えると、日御碕神社、須佐神社の神様が出雲大社に行っているのです。その周辺の神様はすべて出雲大社に行っているのではないか……と気づきました。となると、参拝に行っても、お社を見て帰るだけです。せっかく行くからには、そこの神様に会いたいので、今回は出雲大社のみの参拝でよかったのだと思いました。

出雲大社の駐車場を出る時に、チラッと「出雲のパワーある温泉にちょっと浸かりたかったたな」と思いました。ですが、浸かっていて時間が遅くなり、蒜山高原を夕方あたりに通過するとなると、雨が雪に変わって再び規制がかかる恐れがあります。そんな賭けをしている場合ではありません。

いかんいかん、サッサと帰ろう、と思ったら「温泉に入っても帰れるぞ」と聞こえました。

こういう時、私は信心が足りないので素直に神様の言葉を信じることができません。ここは改善すべきところなのですが、もしも……を考えると、どうしても慎重になってしまいます。雨が雪に変わらなくても、温度が下がったら凍結するし、今この時だけがチャンスなのかもしれない、とそのまま走りました。

蒜山高原の周辺は雪が積もっていました。

神様は約束通り、峠を越えるまで、ずっとついていてくれました。大蛇は龍みたいに空を泳ぎません。大きい神様なので、上空にいてくれました。

峠を越えたくだり道で、ついていてもらえるのはトンネル手前の「あそこまでだな」とわかりました。お礼を言うと、「気をつけて帰れ」と言ってくれました。

トンネルを抜けると、もう神様の気配はありませんでした。

とてもありがたく、たくさんの学びをもらえた出雲の旅でした。

そして神様はどの神様もそうですが、本当に温かい愛情でもって、私たち人間のことを守ってくれます。多くの人はそこに気づいていないだけ、気づき方がわかっていないだけなのです。

私の体験が、そうか、そういうふうに感じればいいのか、と神仏の愛情に気づくヒントになってくれればいいなと思います。

おしまいに……「温泉に入っても帰れるぞ」の言葉通り、その日は夜の10時を過ぎても、高速道路の冬タイヤ規制はかかっていませんでした。つまり、思いっきり温泉に浸かって帰っていても問題なかったのです。

神様の言葉に間違いはない……と改めて思いました。

第８章
伊勢神宮

伊勢神宮内宮

伊勢神宮外宮

伊勢神宮内宮《ないくう》　神様に受け入れてもらいやすくする方法

伊勢神宮内宮には、ずいぶん前に何回か参拝したことがあります。電車で行ったこともあるし、車でも2回か3回、行きました。

伊勢神宮に参拝する時、境内に入るかなり手前から……というか、車の時は駐車場あたりから、私の守護霊は私を置いて先に行きます。神様に先に挨拶に行っているのです。

それが大変わかりやすく、他の神社では同じように感じたことがないので、伊勢神宮の斎王をされていた人だからだろうと思っていました。懐かしくて、つい気持ちがはやるのかな、と。

私の守護霊は、すでに守護霊をするレベルではないほど格が高いのに、意外と可愛いところがあるのだな、と思っていたのです。

でもこれは私の勘違いでした。

奈良の三輪山を登山した時に、三輪山の神様に言われました。

「お前の守護霊はお前が登るより少し前を行って、眷属や神に挨拶をしておる」と。

そのおかげで私は初回参拝時から、神仏に目をかけてもらいやすいのだと言われました。よい守護霊であると褒められました。

その時に、この子をどうかよろしくお願いします、みたいな感じで挨拶をしている守護霊の映像が見え、ありがたいことだと守護霊に感謝したのでした。

私の守護霊は生前、斎王という神様に仕える頂点にいた人でしたから、あちらの世界に行ってからも神仏界の仕組みに詳しいのだと思います。

しかし、もし、守護霊が武将やお姫様、政治家だったとしたら……斎王ほど詳しくない可能性があります。その場合を考えて、とりあえず、初めて行く神社などでは、「私より少し先に行って、挨拶をしていただきますようお願いします」と、守護霊に事前にお願いしておくといいです。

頼まれた守護霊は、守っているその人のことがとても大事ですから、ちゃんと聞き届けてくれます。

守護霊の事前挨拶で、眷属や神仏に好印象を持たれ、可愛がってもらいやすくなります。ここ、非常に〝重要〟だと思われます。

というのは……。

実は最初、冒頭の部分を、「私の守護霊は伊勢神宮では、私を置いて先に行ってしまうんですよ～」みたいな内容で書いていました。

しかし考えてみると、私の守護霊の個人的な話だし、これはいらないかなと削除したのです。

削除した瞬間に、右手の中指の関節がズキズキズキ！　と猛烈に痛み始めました。イタタタタ！

と、声が出てしまうくらいの激痛です。慌てて指を曲げてみようとしましたが、痛くて曲がりません。骨折でもしたかのような痛みが走るのです。

なんで急に？　と不思議に思いました。

「まさか……削除したのがよくなかったのでは……？」

まさかと思いつつ、削除した文章をもとに戻してみると、瞬時に痛みが消えたのです！　どう動かしても、触っても痛くありませんし、指も自在に動かせます。

なんだったのだろう？　この話の何がそこまで重要なのか？　と思った時に、三輪山の神様のエピソードを思い出したのでした。すっかり忘れていました。

私の守護霊は、私と一緒にあちこちの神社仏閣に行っています。そこで他の人を見て、他の守護霊を見て、いろいろと考えることがあったのだと思います。

守護霊に先に挨拶に行ってもらうことは、人間が考えるよりはるかに効果があることなのかもしれません。

話は内宮に戻ります。

手水舎のすぐ向こうには、五十鈴《いすず》川に面している場所があります。私はいつも、手水舎ではなく五十鈴川で手を清めています。こちらは生きた水なので、清める力も強くて、気持ちもいいです。神様の前に出るための清め、という意味ではどちらでも構わないのですが、おすすめは五十鈴川です。

境内は透き通った曇りのない「気」に包まれているため、歩くだけで、心身ともに爽やかになります。

伊勢神宮の内宮に行ったら、確認してみようと思っていた質問をさっそくしてみました。

「ここでは個人的なお願いはしてはいけないのでしょうか？　国家安泰しか願ってはいけないのですか？」

すると、境内の四方八方から、一斉に「そんなことはない」「そんなことはない」と複数の声がしました。伊勢神宮には神様がたくさんおられるのです。

その神々は〝人間が好き〟だと言っていました。

神様方は、人間に祈願をされて、人間の世話をすることが、楽しいというか、喜ばしいというか、やりがいがあるというか、そんな感じなのです。だから、「大いに願かけしてよい」とのことでした。

内宮の正宮《しょうぐう》、メインの神様（天照大神と言われている神様です）とはアクセスできませんでした。というのは、ここは十重《とえ》二十重《はたえ》に囲いがしてあるというか、厳重にブロックがされているのです（見えない世界でのお話です）。迷路のような、変な囲いです。

その堅固な囲いは破れませんし、開くことができません。皇族の方が参拝した時に、この囲いは開くのかもしれませんが、そこは見てみないとわからないです。

なぜ、そんなものがあるのかも不明です。

最初に伊勢神宮を参拝した時、私はまだわかる能力が低かったため、この囲いがわかりませんでした。なので、内宮本殿に神様はいないのでは？と思いました。

ちなみに外宮の神様にも囲いが作られています。けれど、内宮ほどガチガチに堅固ではありません。こちらは少し、外宮の神様の波動が漏れている感じです。しかし、アクセスはできません、難しいのです。

正宮は、このエリア内だけで手を合わせてね、ここから先は聖域だから入らないでね、みたいな感じで柵があります。この柵は外玉垣というのですが、参拝者はこの手前で拝礼し、隙間から正殿を見ます。

ちょうどその時、外玉垣の端っこの扉から、女性が2人、神職さんに先導されて中に入って行きました。中といっても外玉垣の中で、その向こうには内玉垣（柵）があり、立派な門もあって、門のその向こうに正殿があるのです。正殿まではまだまだ距離があって、普通の神社感覚で言えば、外玉垣の中でもまだフツーにただの境内です。

足もとには玉砂利が敷いてあり、そこを女性２人と神職さんが正面まで進みます。祈祷をしてもらうのだな〜と見ていますと……。女性２人は、正面で二礼二拍手一礼をしました。そこで祝詞か何か、神職さんが唱えるのかと思ったら、それだけで戻っていました。

日本で一番格式高い神社であり、皇室の神様だからなのかもしれませんが、シンプルな祈祷でした。

正宮の石段を降りていたら、足が弱くなっていてヨロヨロと歩いている今にも倒れそうな高齢者を、娘と娘婿らしき人が両脇を支えて、一生懸命登っている姿を見ました。

石段の下には車椅子の高齢者もいて、その方はそこから手を合わせていました。杖をついて、一段一段ゆっくりゆっくり登っている高齢者もいました。

どの人も、死ぬまでに伊勢参りをしたい、伊勢の神様に会いたい、という思いで、体がしんどいであろうに参拝に来ています。日本中からこのように深い信仰を集めている伊勢神宮はやはり特別なのだと感じました。

神様はきっと、大きくて優しくて懐の深い、力の強い神様ではないかと思います。境内にいる多くの神様の神格からいって、それは間違いないです。

内宮の神様は、多分、大地の神様です（アクセスできないので「気」から判断しました）。

山岳系ではなく、人間が神格化した神様でもなく、氏神様的な神様でもなく、龍とかお稲荷さんとかの神獣系でもないです。

境内には多くの、本当にたくさんのいろんな神様がいて、忙しそうにしています。中には古代装束を着た神様もいます。おぉ〜、天照大神のように見える〜、という神様もいました。

多くの神様の、どの神様に焦点を当てて見るかで、ここは全然違います。もちろん眷属も多いです。眷属の神格も高いので、橋を渡った参道入口で、そこからすでに眷属のよい波動を感じることができると思います。

内宮正殿の神様にアクセスはできませんが、そこでお祈りしたことは、他の多くの神様がちゃんと聞いており、その中のどなたかが担当してくれます。ですので、願掛けしてもダメなのかしらという心配はいらないです。

お願いは、個人的なものでもよい、とのことですので、遠慮なく自分のお願いを言うといいです。ただし、全国から参拝客が大勢訪れるのと、本来のお仕事も大変そうなので、競争率は高いと思ったほうがいいです。

伊勢神宮内宮　三重県伊勢市宇治館町1

※2019年にやっと天照大神にお会いすることができました。詳細は『和の国の神さま』という本に書いています。

伊勢神宮外宮《げくう》とその他の神社　メシ炊きではない

唐突ですが、伊勢神宮外宮に私は歓迎されておりません。

伊勢に初めて行った時にも「あれ？」と違和感を感じたし、元伊勢の外宮と言われる、京都府福知山市にある豊受大神社では、手を合わせていると、スズメバチが顔面に激突してきました。

京都の晴明神社もそうなのですが、私にはまれに歓迎してもらえない神社があります。

相手は神様なので歓迎していなくても、別に意地悪するとか、何か障りを与えるとか、そんなことはしません。文字通り「歓迎しない」だけです。ですから、もしも歓迎されていないかも？と感じても、気にせずに参拝をして問題ありません。

久しぶりに外宮を参拝し、境内を歩きました。

私は、神社に祀られている神様の名前は、ほとんどが後付けだと考えています。

たとえば、山岳系神様は強い光のようなエネルギー体であり、高度な波動を持つ存在です。それが太古の昔から山々にいて、その頃は人間はまだいなかったか、いても猿に近かったと思います。年月とともに徐々に知恵がついて人間になっていき、進化して、神という存在に気づくようになり……そうなると神を見ることができる人も出てきます。

「この山には神がいる、とても強力なエネルギーだからスサノオノミコトに違いない」みたいなことを言って、そこに作ったお社のご祭神はスサノオノミコト、となったのではないかと推察しています。

本当は有史以前からいた、名前も何もない存在に、あとからそれらしい名前をつけた……そんな神社が多いのです。

同じ神様を祀っている神社なのに、行ってみると全然違う神様だったり、明らかに山岳系なのにご祭神が人間の神様になっていたりします。ですので、私は神話とか由緒とかにあまり興味がなく、その神様が誰なのか考えたことがありません。ただ単に〝神様〟ととらえて参拝していま す。

しかし、さすがに日本で一番有名な伊勢神宮のことを「ご祭神についてはよく知りません」と言うのもどうなのか……と思ったので、今回は少し勉強して行きました。

話は外宮に戻ります。

境内を歩きつつ、「ここの神様は、本当に内宮の神様の、ご飯の用意をする神様なのだろうか?」とぼんやり考えていました。

すると「ハシタメではない!」といきなり叱られました。

「でも、そういうふうに言われてますけど?」と反論すると、「メシ炊きのように言いおってー!」

と怒っていました。

「いや、私に怒ったって仕方ないじゃないですか、そういうふうに伝わっているんですから～」と言いましたが、もう答えは返ってきませんでした。怒ったのは眷属ですが、姿を見せてもらえなかったので、どんな眷属なのかはわかりませんでした。

ご神気から言って、私も飯炊きではないと思います。かなり強い神様であり、神格も低くないのです。

内宮の項で書いたように、外宮も内宮ほど厳重ではありませんが、囲いがしてあるため（あちらの世界でのお話です）、神様にアクセスはできませんでした。残念です。

猿田彦神社と月読宮《つきよみのみや》にも行きました。

猿田彦神社は境内の中まで入ったのですが、何やら工事中だったのと、なぜかまったく気が進まなかったので、今日はここは参拝しなくてもいいか、と失礼することにしました。

そのまま帰ろうと思ったのですが、神社右側から奥がものすごく気になって、道なりに進んでみました。すると、神社の裏手に御神田《おみた》がありました。

見た目は普通の小さな田んぼですが、とてもいいエネルギーが満ちていて、苗がぐんぐん伸びていくような、天に向かってひらけたパワーを感じました。その御神田の右横の森も非常に気になるのです。パワースポットとまではいきませんが、エネルギーがあります。

古い灯籠があったり、「猿田彦大神」の古い石碑があったので、昔、お寺でも建っていたのかなと思いましたが、詳しいことはわかりません。ですが、なかなかいい場所です。

月読宮は、式典の準備の真っ最中でした。

椅子がたくさん並べられていて、さらにもっと椅子を並べる作業がされており、関係者があちこちでグループで固まってワイワイと打ち合わせをしていました。静かに参拝するという雰囲気ではなかったので、そのまま帰りました。

残念に思いましたが、私がここに参拝するのは今日ではないのだなと思い、諦めました。

次回に期待したいと思います。

伊勢神宮外宮　三重県伊勢市豊川町２７９
猿田彦神社　三重県伊勢市宇治浦田２の１の１０

第９章
心癒やされるお寺

《大阪府》観心寺

《兵庫県》慶雲時

観心寺　波動の高いエリアと掘り出し物の霊宝館

観心寺は大阪にあるお寺ですが、中心部にあるのではなく、奈良に近い河内長野市にあります。楠木正成さんの首塚があるということと、空海さんゆかりのお寺でもあるということで、一度行ってみたいと思っていました。

私が参詣したのは3月だったので、車を降りた瞬間に梅のほのかな香りが漂ってきました。その芳香が歓迎してくれているようで、うわ〜、素敵、と気持ちがふんわりしました。

門を入ってすぐの左手に、たくさんの梅が植えられていて、それが満開だったのです。

さっそくそのお庭に入って、赤やピンク、白い梅をじっくり鑑賞させてもらい、花に鼻をつけて匂いを嗅ぎ、心ゆくまで堪能させてもらいました。もうこれだけで来たかいがあった、というくらいの満足度でした。

この日は平日で、しかも夕方だったせいか参詣者は私一人で、最後まで誰も来ませんでした。

金堂に行くと、ご本尊の如意輪《にょいりん》観音さんは秘仏のため、扉が閉じられていました。とりあえず一旦金堂を出て、右手のほうへ行ってみました。

楠木正成さんが建設中に亡くなったということで、未完のままの三重塔や、空海さんが作った星塚がありました。このエリアは、金堂がある場所よりも土地の波動が高いです。

やっぱり空海さんはすごい、土地の波動を整えて、その効力が千年経っても衰えないんだな、と思いました。

さらに右手の奥へ行くと……石段を何段か登るのですが、驚くことにそこの波動はもっと高かったです。うわー、気持ちいいー！　というレベルなのです。

楠木正成さんの首塚があるのですが、首塚とは思えないくらいキレイに浄化されており、クリアでした。お墓も何基かあったのですが、墓地の「気」はまったくありませんでした。

開山堂というお堂もあり、そのエリアはなんだか聖地のようになっていました。高野山並みの透明度です。本当にすごく気持ちがよくて、心がとても落ち着きます。

そのエリアをうろうろして、石段を降り、三重塔・星塚のエリアに行くと、明らかに違う波動に驚きます。もう一回、あの波動を感じてこよう……と、わざわざもう一度、石段を登って開山堂・首塚エリアに行きました。

道興《どうこう》大師という方の御廟が、そのエリアを見降ろすように、守るように配置されていたので、その方のお力・波動なのかもしれません。

道興大師を調べてみると、空海さんの十大弟子の一人、と書かれていました。さらに、俗姓は佐伯氏であり、讃岐国の出身で空海さんの一族であることも記されていました。

高野山開創に尽力したことも載っていて、空海さんに近い人物だったのですね。だからあの波動を持っているのか、と納得しました。

その後、再び金堂にあがって、手を合わせました。

扉が閉まっているから仏様には届かないだろうと思いつつ、如意輪観音さんに、「心が落ち着くお寺ですね」と言うと「そのように作られておる」と返ってきました。

扉が閉まっていても声は届くんだ〜、と思った時、ローソクの炎がひゅーん！　と細ーく天に向かって伸びました。空海さんが彫った仏様だからか、この仏様はすごい力を持っています。

「あー、お姿を拝見したかったです〜」と言うと「1ヶ月、早かったの〜」と言われました。

一年に一回のご開帳が、毎年、曜日に関係なく4月17日・18日だそうで、私が行った日の1ヶ月あとだったのです。

それからブラブラと歩いて、霊宝館へと向かいました。入って、まず左側から見ることにしました。左側の端に置かれているのは、楠木正成さんの鎧の胴の部分です。いきなりすごい宝物が展示してあるのです。

このお寺は、金堂が国宝だというのに内部が撮影禁止になっておらず、開山堂もそうでした。度量が大きいお寺というか、大らかというか、お参りする側からすると親しみやすい空気が流れています。

霊宝館はさすがに撮影禁止でしたが、重要文化財だらけだというのに建物内の気取らない雰囲気といい、無造作に置かれている宝物など、もうちょっと威張ってもいいのでは？　とこちらが思うくらいでした。

で、その鎧の胴体をまじまじと見せてもらい、次に書状があったので、それも「ほー」とか「へー」とか言いながら見ていました。

「大事な書状だから巻紙に貼ったわけね～、ふーん」と声に出して独り言を言って見ていたら……。

「紙がそんなにすごいのか？」と誰かが声をかけてきました。

顔を上げて見ると、少し向こうに〝邪鬼〟と書かれた小さな像があり、その邪鬼がこっちを見ています。

「字がすごいのよ」と言うと、納得したのか黙っていました。

「こんなに時間がたってて古いのに、墨って残るんやなぁ、すごいよなぁ」と言うと、「古いのがすごいのか？」とまたしても聞いてきます。

「古いのはすごいよ」と答えると「時間がたっているからか？」とさらに聞いてきます。

「……」

答えていると延々と質問をされそうだったので、悪いけど無視して仏様を見ました。

仏像は平安時代のものがほとんどで、10体くらいありました。

驚いたのは、薬師如来像です。ガラスのケースに入れられて、美術品扱いとなっていますが、まだまだ仏様現役でした。

「うわー、もったいなーい」と思ってじーっと見ていると、薬師如来さんは「フフフ」と笑って「願いを叶えてやろう」と言ってくれました。

「家から遠いので、ここまでお礼に来れないです」

「礼などいらぬ」

え？　そうなんですか？　じゃあ、遠慮なく……ということで、薬師如来さんだから体のことをひとつお願いさせてもらいました。

館内の展示物をすべて見て、最後にもう一度、邪鬼のところに戻りました。よく見ると、邪鬼はそんなに悪いやつではなさそうで……というか、なんだか可愛い顔をしていました。

「また今度ね」と言うと「帰るのか？」と聞きます。どことなく寂しそうな感じが漂っていました。

邪鬼の頭の上には板が載っています。

「うん。帰るわ〜。君はそこから動けないみたいやね。頭の上に板を置かれてるもんね〜」と言うと、「目の前にこれだけ仏がズラーッといたら動けんぞ」と言っていました。

だろうな、と思いました。仏様が怖くて動けない、というところも可愛い気がします。もうちょっと話したいと思いましたが、閉門まで時間がなかったので、「じゃあね」とその場を去りました。

このお寺は、心落ち着くいいお寺です。開山堂・首塚エリアの聖域の波動がいいし、星塚エリアももちろんよい波動です。

金堂では扉越しですがご本尊と話せますし、掘り出し物は霊宝館の薬師如来像です。誰が行っても願いを聞いてくださると思います。そして邪鬼もなかなか面白いです。

帰りも、門を出たあとまで梅の香りが漂っていて、いい参拝をさせてもらったな～、と感謝の気持ちでいっぱいになる、そんなお寺でした。

観心寺　大阪府河内長野市寺元４７５

慶雲寺　お夏・清十郎の愛の波動と理想の供養の仕方

私の仕事である、訪問介護の利用者さんにJさんという人がいます。80代後半の男性です。出身が兵庫県の姫路市ということで、西播磨の郷土史にとても詳しいです。

大河ドラマの「軍師官兵衛」について説明をしてくれたり、西播磨にも七福神巡りがあるとか、西播磨の神社についてとか、いろんな話をしてくれます。

ある時、城下町について会話をしていました。Jさんが若い頃に住んでいた家は、姫路の城下町のど真ん中にあったそうで、その一帯は今でも古い民家が残っている、と教えてくれました。

その話の途中で、「けいうんじがあってな」とチラッと言いました。けいうんじ……そこに強い何かを感じました。

「それってお寺ですか？」と質問をすると、Jさんは「慶雲寺、と書くんや」と教えてくれ、「有名やで」とも言います。

「聞いたことがないです」

「そうか？　お夏・清十郎《せいじゅうろう》、知らんか？」

「宇夏清十郎？」（私にはこう聞こえ、姓名かと思いました）

「そうや、そのお夏・清十郎の墓がな、あるんや」

「宇夏清十郎って何をした人ですか？」

「知らんかぁ？　井原西鶴が書いたやろ？　歌舞伎なんかでもやってるで」

その後、Jさんはお夏・清十郎の話をしてくれました。そこで〝宇夏〟ではなく〝お夏〟ということがわかったのですが、それはなんとも悲しい話でした。

この2人は実在の人物で、以下はウィキペディアからの引用です。

【姫路城下の旅籠の大店・但馬屋の娘・お夏は、恋仲になった手代・清十郎と駆け落ちするが、すぐに捕らえられてしまう。清十郎は、かどわかしに加え、店金持ち逃げの濡れ衣まで着せられ打ち首となる。お夏は狂乱して行方をくらませ、誰も二度とその姿を見ることはなかったという】

そして、こちらは慶雲寺にある説明文からの引用です。

【お夏は、姫路城の大手門にあたる本町の米問屋但馬屋九左衛門の娘に生まれ、清十郎は姫路の西方、室津港の造り酒屋和泉清左衛門の息子で、何不自由のない家庭に育ち、錦絵にも優る美男であったが、故あって清十郎は十九才の時、但馬屋に勤める身になり、明け暮れ律義に勤めたので万人から好かれるようになった。

いつしかお夏と清十郎は深い相想の仲となったが、九左衛門はこれを許さなかった。

思いもよらぬ濡れ衣に依って、あたら二十五才の時清十郎ははかなくも刑場の露と消えたのである。

此の事を知ったお夏は、墨染の衣に身をつつんで読経三昧に暮らし、ひたすら清十郎の冥福を祈った。但馬屋も二人の純愛に打たれ「比翼塚」をつくって、其の霊を慰めたと云う】

そして、これは姫路市のサイトからの引用です。

【井原西鶴、近松門左衛門の小説や戯曲などで有名な「お夏・清十郎」の霊を慰める比翼塚が、姫路城の北東にある慶雲寺にあります。

許されぬ恋ゆえに、清十郎は刑死し、お夏は狂乱する哀しい恋物語に、刑死の墓が禁じられていた当時、「せめてあの世で……」と、だれとなく2つの石を置いて祭ったのが初めと言われています】

先日、用事があって姫路まで出かけたので、慶雲寺に立ち寄ってみました。このお寺は地元の人の菩提寺、という感じで質素にひっそりとそこに存在していました。門が開放されていたので、お邪魔してみると、奥のほうに「比翼塚《ひよくづか》」があります。二つの石が置かれていて、苔むしています。

これは相当古いなぁ、と思いつつ見ていたのですが、この塚が、大変高度なオーラを発していました。崇高な愛の波動です。しばらくの間そこに立って、じーっと見ていると、２人が見えてきました。

清十郎さんは死後、般若の面のような形相になり、凶暴で荒々しい怨霊になりかかっていました。ものすごい恨みをかかえています。うわー、こ、こわー！　と後ずさりするほどです。

お夏さんは、清十郎さんの死後、深い悲しみに沈んでいましたが、小説に書かれているように狂乱はしていません。毎日、静かに清十郎さんの菩提を弔います。

来る日も来る日も、清十郎さんに手を合わせ、清十郎さんを変わらず愛していることを伝えました。これは口だけで「愛している」というのではなく、清十郎さんを好きだと思うその気持ち、感情をそのまま伝えていました。

手を合わせて、まぶたに清十郎さんを思い描き、ああ、私はこの人が大好きだな、という気持ちになって、その気持ちのままでずっと合掌している……そんな感じです。こうして、毎日、お夏さんは清十郎さんに愛を送り、供養をしました。

怨霊になりかかっていた清十郎さんは、毎日送られるその愛で、少しずつ少しずつ、穏やかになっていきます。

鬼のような顔が徐々にほぐれていって、人相の悪い男になり、それがまたほぐれていって普通の顔に変わっていきます。

驚いたのは、普通の男性の顔に戻ったところで止まるのではなく、さらに今度は仏のような柔和な顔へと変化していってるのです。

恨みが消え去り、生前の清十郎さんに戻り、そしてそこから、仏の道を歩んでいます。修行なしにこの変化です。

「愛」という力はすごい、奇跡を起こすのだ、と思いました。

怨霊になるくらい強い恨みを抱えた霊は、たとえ仏様が説得したところで、聞く耳を持ちません。それほど暗い闇にいるのです。

お夏さんの供養は理想的な供養です。亡くなった人にひたすら愛を送ると、相手が良い状態へと変化していきます。

亡くなった人のことが気がかりで「何か欲しい物はない？」「言いたいことはない？」と言ってしまうと、そういう心配の念を送ってしまいます。亡くなって悲しいわ～、つらいわ～と手を合わせると、悲しみの念を送ってしまうのです。

愛や感謝は相手を仏の道へと上げていきますが、心配や悲しみの念は上がって行こうとする相手の足を引っ張ることになります。

仏壇やお墓で手を合わせたら、亡くなった人を思い浮かべ、楽しかった思い出を少しでも思い出すといいです。遠い子どもの頃の思い出でも構わないのです。「お父さんが運動会に来てくれて嬉しかったな～」これだけでほんわかした感謝の念が届きます。

「愛してる」とか、「ありがとう」とか言葉ではなく、〝感情〟を送ってあげることが最善の供養なのです。特に自殺された方は、自力で仏の道へ上がることが難しいため、このお夏さん方式の〝感情〟をたくさん送ってあげる供養が効果的です。

残りの一生を供養に費やしたお夏さんがこの世を去る時、清十郎さんは仏のような慈愛に満ちた優しい顔になっており、お夏さんを迎えにきました。

そして２人で手を取り合って、笑顔で、光り輝くあちらの世界へと旅立って行ったのです。

なんて美しい話なのだろう、と感動しました。その2人が発する愛のオーラが、この塚の周辺にあふれています。この愛のオーラは、魂にとってお手本となる波動です。ここに行って、このオーラを浴びると、魂がこのお手本を覚えます。

お手本の波動を学び、自分も同じ波動が出せるようになると、心から相手を想うことができる美しい人間になれます。お手本が魂に記憶されれば、相手の愛が本物じゃない場合は、それがわかるようになります。悪い男性に騙されたり、よくない女性に引っかかったりせずに済みます。

カップルで行くと、お互いが格の高い愛情の波動を学ぶので、よい関係が続きます。

ここは、本当に恋愛のパワースポットです（縁結びではありません）。

一般的な、仏像やお堂を拝観できるお寺とは違って、慶雲寺はとても小さなお寺です（比翼塚以外に見るものはなかったように思います）。塚の回りは狭いのですが、サッサと帰らず、波動を魂に記憶させるよう十分な時間を取るといいです。

世間にはあまり知られていない場所でも、このような素晴らしいパワースポットがあるのだと知りました。教えてくれたJさんに、心から感謝です。

慶雲寺　兵庫県姫路市野里慶雲寺前町10の1

第10章 神仏と宗教

信仰とは　信仰に浮気はない

10年以上前の話です。連休に3日連続で特別な説教をするというキリスト教の教会に行きました。教会に行くのは初めての経験でした。

2日目のことです。牧師さんが説教の中で、痛烈に仏教批判をしました。

ここがおかしい、あそこが間違っている、と言うだけでなく、ちょっと小馬鹿にしたような感じのことも言い、信者たちはそれをゲラゲラ笑っていました。

大変嫌な気持ちになりました。

自分たちが信仰している宗教は素晴らしい、と思っているのなら、その宗教のよい部分をみんなで称えればいいわけで……どうして他の宗教を批判する必要があるのだろう、と思いました。

集会が終わって、帰る時のことです。

牧師さんが私のところに来て握手をし、「明日が3日目ですね、3日連続で来れば、あなたは救われますよ！　2日だと救われませんからね。救われたいでしょ？　明日も来てくださいね」と言いました。その瞬間に「ああ、もうここに来るのはやめよう」と思いました。

教会は牧師さんの性格・人格でカラーが全然違うらしく、他を批判しない落ち着いたよい教会もたくさんあるそうです。たまたま行ったところが過激な部類だったのだろうと思います。

キリストの教えは真理なのに、組織になると、その組織の人の考えが入ってしまうのだということを実感しました。

3回来れば救われるが2回では救われない、とキリストが言うとは思えません。キリストが、他の宗教をあざ笑ったりすることも、ちょっと考えられないです。

イギリスのカンタベリー大聖堂に行った時のことです。聖堂内を見学していたら、ミサの時間になり、観光客は出ていって、と職員に言われました。

その言い方、追い出し方が大変失礼で、まさに、信者はお前らより上なのだ、という態度でした（その聖堂が自分たちの教会なので当然の心理といえばそうなのですが……）。

犬や猫を追い払うようにしなくてもちゃんと出るのに……と思いつつ、息子と聖堂の裏手を歩いていたら、大司教らしき人が奥の建物から出てきました。

立派な法衣に身を包んだその人は、さきほどの職員とは違い、柔らかい優しいオーラを発していました。

おぉ〜、さすが大司教になる人は違うなぁ……と見ていると、（息子もすごく優しいおじちゃんと感じたそうです）大司教は私たちのほうを見て、一瞬、ハッと立ち止まり、それからニッコリ微笑んで軽く会釈をすると、聖堂に入って行きました。

驚きました。そこでは一番偉い人であろうに、見ず知らずの観光客の私たちに、挨拶をしてくれたのです。ああ、この大司教は本当の意味で神を知っている方なのだ、と思いました。

私たちが聖堂から締め出されたであろう観光客なのは見てわかります。でも、神仏に対する信仰心はあつい人たちのようだ、と感じたのかもしれません（見える人には頭上にいる神仏が見えているはずだからです）。

神の真理を知る人にとって、その宗教の信者か信者でないかということは重要なことではなく、そんなことで差別などしないのです。

その人が〝神を信じている〟その心を持っていれば、そこに敬意を払います。

マザー・テレサもそうでした。

行き倒れの人の命を助けたからといって、キリスト教に改宗させることはありませんでした。その人が亡くなれば、その人が信仰していた宗教でお葬式をしてあげたといいます。

信仰とは、神とその人との関係である、神とその人だけの世界である、ということを熟知していたからだと思います。

ブログに書いていますが、私はギリシャの教会にいた神様に、急病を治してもらったことがあります。ギリシャ正教の信者ではないし、ギリシャの国民でもない私ですが、その神様は差別することなく救ってくれたのです。

神仏を心から信じる、という強い信仰心さえあれば、どこの誰であろうと、その信仰心に神様は応えてくれます。

空海さんも、「最澄の所にも行ったのか」などと心の狭いことは絶対に言いません。それどころか「最澄はいい僧をつけてくれたな」と最澄さんのしたことに感心していましたし、最澄さんも、「比叡山に来る前に高野山に何回か行っておるではないか」などと天地が引っくり返っても言いません。高野山に泊まったりして、空海さんの廟にも何回か行っていた私ですが、「ブログを頑張りなさい」とお弟子さんをつけてくれたのです。

自分以外の神仏を信仰していても、まったく気にしない、全然気を悪くしないのが、本当の神仏です。自分だけを信仰しろ、とは決して言いません。

私は、見方によっては、お不動さんや多聞天さんを信仰していながら、あちこちの神社の神様も信仰し、さらに高いお山に存在する神様をあつく信仰したかと思うと、天台宗も真言宗も、先祖からの浄土真宗もすべて肯定する宗教がごちゃまぜの人物です。加えて言えば、キリストも大好きです。ひとつの宗教を信仰している人からすれば、不届き者、となります。

ですが、山岳系の神様も、どこの神社の神様も、どの仏様も、みんなあたたかく迎えてくれますし、ご縁もくれます。

神仏にはそれがおかしいことではないのです。

つまり、信仰とは、その人と神様、その人と仏様、の二者間で成立するものであり、他の神仏はまったく関係なく、ましてや他の組織の人間など関係あろうはずがありません。

お不動さんと自分だけの世界、観音さんと自分だけの世界、熊野の神様と自分だけの世界……という信仰は、いくつ持ってもいいのです。

そこは他人や、他の神仏に、とやかく言われることではありません。なのに、その信仰をたった一つだけにしろ、というのが宗教団体・組織です。

まだまだ修行が必要な眷属クラスのお稲荷さんでも、コンスタントに参拝に来いとは言いますが、信仰はここだけにしろと言うことはないのです。

どの神仏を信仰するか、いくつ信仰（神仏とのつながり）を持つか、などは人間の自由意思であり、それを縛ってはいけないことを、高級霊ならどなたも知っています。

まれに、外国人が行かない（外国に慣れていない）山岳系神様の眷属に、外国の宗教を嫌うものがいます。ですが、親分の神様がこだわらないので、それを見て、その眷属もすぐに受け入れてくれます。

いくつ持っても構わない信仰ですが、自分の意思で大好きな神仏一つだけにするのもいいし、宗教組織に入ってその組織のために頑張るのもいいと思います。そこに正解も不正解もありません。自分の魂の思うままにするのが、一番なのです。

信仰に浮気は存在しません。

それは神仏が一番よく知っています。

宗教組織に教えられた変な宗教観に左右されず、自分の魂が感じるままに、神仏を愛し、信仰する……それが正しい宗教ではないかと、私は思います。

従妹が教えてくれたこと　その人の生前の宗教観を知る大切さ

先日、母の妹の娘、私からすると従妹《いとこ》のKちゃんがこの世を去りました。膠原病という病と闘った36年の生涯でした。

この子は穏やかな雰囲気を持った、謙虚で賢い子でした。病気を通していろいろと悩み、深いことを考えた結果、悟りの境地に達していたのだろうと思います。大変徳の高い子です。

亡くなった当日、まだ連絡が入る前のことでした。

電子レンジを使用していたら、バチッバチッバチッ！　とものすごい音がしました。あれ？何か金属性のものが入ってた？　と慌てて、庫内を確認しましたが、当然そんなものは何も入っていません。

おかしいな……ともう一度、スタートさせると、またしても中でバチバチとすごい音がします。金属が入っていないのに、一体何が反応しているのか？　と不思議でしたが、購入してずいぶんたつし、壊れたのだろうな、と思いました。それにしては変な壊れ方だな、と。

それから少しして、連絡が入りました。

異常があったその時間は、ちょうど息を引き取った時間でした。電子レンジはその後、まったく異常なく、正常に作動しています。不思議な現象でした。

その夜、亡くなったKちゃんは、近所に住む仲が良かった従弟、C君の夢枕に立ったそうです（C君には霊感があります）。

Kちゃんは必死でしゃべって何かを訴えていました。しかし、ボソボソとしゃべるので聞きとれず、C君は何度も聞き返したそうです。

Kちゃんは右手を左肩から右肩に移動させるようなジェスチャーもしており、C君は「ネックレス？ 何か大事なネックレスがあるのだろうか？」と思ったと言います。聞き取れないまま消えてしまったそうで、何か言い残したことがあるのでは……とみんなで話をしていたそうです。

翌日、私の両親・弟と一緒に私も、母の妹が住む山口県まで行きました。

お葬式前に控室で親戚といろいろと話をしていると、〝お棺の中に何を入れたのか〟が、無性に気になりました。気になって気になって仕方ないので、Kちゃんの母親である叔母に聞いてみました。

すると、あれとこれと……と叔母は生前、Kちゃんが大事にしていたものを言い、最後に「聖書」と言いました。その瞬間に十字架がクッキリと目の前に見えて、「ああ、これか、十字架を入れて欲しいのね」と思いました。そこで、十字架を入れたかどうか聞くと、叔母は「Kちゃんはロザリオを持ってないよ」と言います。

「宗教的なものでなくてもペンダントのようなアクセサリーは？」と聞くと「それも持ってないと思う」と言うのです。

「部屋に飾ってるのもない？」

「部屋にもないよ」

しかし、目の前から十字架が消えません。

叔母の話によると、Kちゃんは少し前からプロテスタントの教会に通っていたそうです。そこで日本語も教えていたそうで、楽しそうにやっていたと言います。

しかし、家の宗教は代々仏教なので、洗礼だけは受けてはダメ、と、それだけは止めていたそうです。そんなことをしたら宗教がむちゃくちゃになるから、と叔母はそこが心配だったと言っていました。

「洗礼を受けてないから、キリスト教の信者じゃないよ？　だから十字架は入れなくてもいいのよ」

叔母がキッパリとそう言った瞬間、見えていた十字架は消えました。ああ、もうお棺には入れてもらえない……とKちゃんが諦めたのがわかりました。

まさか私がそこで、今からどこかで買ってくるから入れてあげて？　とは言えません（一瞬、言おうかと思いましたが)。

お葬式が行なわれる会場に入り、全員が着席して葬儀が始まる時間を静かに待っている時でした。Kちゃんが「走って」私のそばまで来ました。そしてこう聞きました。

「十字架がなくても、私、イエス様のところに行ける?」

その一途で純粋な、キリストに対する信仰の気持ちに胸を打たれ、涙が出ました。Kちゃんは本当に心からキリストが大好きだったのでしょう。ああ、そうか、そこを悩んでいたのね、それはさぞかし不安だっただろう、と思いました。

Kちゃんは死んだことがちゃんとわかっています。

そして、この先キリストのところに行きたい、と考えているのです。でもそこで、「私は十字架を持っていない……。洗礼をしていなくて、十字架も持っていない私がキリスト教を信じているとわかってもらえるのだろうか……。十字架というパスポートを持ってなくて、イエス様の御許に行かせてもらえるのだろうか……行けなかったらどうしよう……」と苦悩していたのでした。

お葬式はもちろん家の宗派の仏教ですが、本人は阿弥陀様ではなく、キリストのところへ行くつもりなのです。

「うん、うん、行けるよ、大丈夫だからね。イエス様は神様だから人の心の中まで見えるのよ、Kちゃんがイエス様を思う気持ちは絶対にわかるし、教会に通っていたことも言わなくても知ってるよ、神様だからね。心配いらない。よく来たねって言ってもらえると思うよ」

そう言うと、Kちゃんはホッと安心していました。

この子はさまようレベルではないのですが、もしも、この不安に強く支配されてしまい、十字架を持たなければイエス様は受け入れてくれない、と誤解したら、Kちゃんはそのピュアな信仰心ゆえに、「十字架をなんとかしなくては！」とさまようことになっていたかもしれません。

Kちゃんのお葬式は家の代々の宗教、仏教でいいのです。ただ十字架を持って行きたいという、それだけがささやかな願いなのでした。

この件で、その人の生前の宗教観を理解しておくことは、実に大切なことなのだと知りました。

Kちゃんに今後どうすべきかを教えていると、左手上空、はるか上のほうから祖父がこちらを見ていました。あちらの世界でもかなり修行を積んだようで、高い霊格になっていました。

四十九日には祖父がみずから迎えに来るのだな、とわかりました。祖父にとってKちゃんは可愛い孫の一人です。そのことも伝えてあげました。

その後、不安が消えたKちゃんは、自分の両親や弟、親族に愛を振りまいていました。

重たい肉体を脱ぎ、軽くて爽やかになった感覚が伝わってきます。四十九日までの間、この世での滞在をエンジョイすることでしょう。

遺影のヘアスタイルは、髪をくってアップにしているのですが、「老けて見えるから、長いほうがよかったな」とも言っていました。わかるー、女の子だもんね、そこ、気になるよねぇ、と同意しました。

あとで叔母にその話をすると、Kちゃんは長い髪が好きだった、と言っていました。

「鬱陶《うっとう》しいから切り、って言っても、長い髪が好きだから嫌だ、と言って絶対に切らなかったのよね〜」

そう言って叔母は「そうか、やっぱりそこにこだわっていたか」と笑っていました。

迷いが消えて安心したKちゃんは、火葬場でお骨になったあと、その時点ですでに数段、あちらの世界での階級が上がっていました。難しい課題の人生にチャレンジした魂です。もともと魂の霊性は高かったのですが、あちらの世界に戻ったらもっと霊格が上がったようです。

Kちゃんの人生の大半は、病いとともに歩んだつらく苦しい人生でした。膠原病という病気を調べれば、どんなに過酷な病いか、おわかりになると思います。

Kちゃんの魂は、その人生をやりとげたという満足と、身近な人への感謝・愛情で、あたたかくほんわかとしており、とてもよい状態でした。

若くして亡くなったことは不幸でも何でもありません。あちらの世界に戻ったら、「おかえり〜」「よく頑張ったね」と、Kちゃんを守ってきた神仏や、高級霊、ソウルメイトなどが大勢、笑顔で迎えてくれるのです。

人生を精一杯生き抜いたKちゃん。あちらの世界に帰って一段落した後は、キリストのそばまで行くはずで、「私のこともよろしく言っておいてね」と、最後にひと言ちゃっかりお願いすると、とびきりの笑顔でうなずいていました。

スピリチュアルという分野　悩んだ時は自分の直感

神様に会うために神社に行くのもいいけれど、家の中に神棚を作りたい、と思っている人から、時々、神棚についての質問をもらいます。もしかしたら、神棚を持ちたいと考えている人は意外と多いのかもしれません。そこで、神棚について私が知っていることを書こうと思います。

書くにあたって、先にお断りしておきたいことがあります。

私がこれから書く内容は、「神道《しんとう》」という宗教の一般化された決まりごととは違う部分が多くあります。

私には、霊能者であり、神様も降ろせるという特殊な霊媒能力を持った祖母がいました。祖父は審神者《さにわ》でした。

霊媒というのは、神仏や霊に体を貸すことができます。自分の体を貸すことで、肉体を持たない神仏や死んで成仏した霊、及び、成仏していない幽霊の声をじかに聞くことができるのです。

審神者というのは、霊媒に神仏なり霊なりが乗り移ると、質問したり話を聞いたりして、それが真実かどうか、本当の神仏かどうかを判断します。神仏の名を語って嘘を言う低級霊や悪霊もいるからです。話が終わると、霊媒の体から神仏に帰ってもらったり、霊を体から離したりします。良くない霊の場合は退治もします。

私が書くのは、そんな祖父母が実践していた神様の作法です。

すべて直接、神様から聞いたやり方です。ここが不思議なところなのですが、神様がじかに教えてくれたやり方は、神道の決まりごととは違う部分がたくさんあります。

ですので、私が書く内容は、ネットで調べたら違うことが書いてある、神社で聞いたら違うことを言われた、となる場合が多いと思います。一般的な神道の決まりごとは、近世になって、人間が決めたことがほとんどなので仕方がないのです。同様に、私が書く仏教のことに関しても、お坊さんが読んだら、「これは仏教とは違う」という部分がたくさんあるはずです。

私は、山岳系神様やあちこちの神社の神様、多くの仏様に「間違ったことは書くなよ」とよく言われます。空海さんにも、読む人に誤解をさせたり誤った方向を示さないよう気をつけなさい、と言われました。

神仏の世界のことで間違ったことを書き、純粋な人がそれを信じてしまったら、罪になるのではないかと思っています。でなければ、神仏があれほど私にしつこく、注意するようにと言うはずがありません。ですので、祖母に入った神様や仏様の言葉、長年にわたり自分が見聞きしたことは、正確に書くようにしています。

適当に書いて間違えたり、よくわからないのに偉そうに書いたりする行為を、私を守ってくれている神仏が許すはずがありません。絶対に怒ります。そんな軽はずみなことをして、守ってくれているありがたい神仏が離れてしまうのが、私は一番怖いです。神仏のご加護なしに生きていく勇気はないからです。

しかし、直接聞いたことを書くと、その結果「神道」や「仏教」という宗教の決まりごととは違った内容も出てきます。

私としては、神道や仏教などの〝宗教〟をブログや書籍で広めたいわけではありません。それは私なんかではなく、神職や僧侶の方のほうがふさわしいと思います。

私が皆様にお伝えしたいのは、実際に神様や仏様がいらっしゃること、その神仏は皆様を愛情を持って守ってくださっていること、その感じ方、神仏が教えてくださるありがたい真理やその言葉、自分が知った見えない世界の真実、などです。神道でいうところの神様、仏教の仏様、そのどちらをも語ろうと思ったら、特定の宗教に偏らないスピリチュアルという分野しかありません。

神棚についても、自分の祖父母が優れた霊能者だったことを知っている私は、祖父母が神様にじかに聞いたことを優先します。

ですが、読者の方は私の祖父母を知らないわけですし、「これは違うと思うな〜」と考えるのは自由です。信じられないわ、という人もいらっしゃるかと思います。

それはそれでいいのです。

人の意見やアドバイスで迷った時に、一番頼りになるのは自分の直感です。識子さんはこう書いているけど、神道では違うわ、どっちを信じたらいいの？　という時はご自分の直感で、こちらが自分にとっていいような気がする、と思われたほうを選ぶといいです。自分の魂が発する信号ですので、そこに間違いはありません。

人間が決めた神道の決まりごとでも、そんなに大きく外れているわけではないので、そちらのやり方でも大丈夫です。ですので、今から書く内容と、既存の宗教が提唱するものが違うことに関しては、どっちが正しくてどっちが間違いなの⁉　とガチガチに構えず、大らかな気持ちで判断し、選択なさってください。

私としては、このやり方でするべきです、とか、こちらが正しいのですよ、とか、そういうことが言いたいのではありません。

神様にじかに聞いた諸々のことを、自分の一族だけが特別に知っていて誰にも教えない、というのはよくないのではないか、と思ってお伝えすることにしました。

うまく伝えられるのか……という不安はありますが、思い切って書くことにしました。

第11章
神棚を持つ

神棚とは　神棚を持つメリット

家の中に神棚があると、そこに住む人にとって何がいいのか、というところから話を始めたいと思います。

まず、神棚の空間の波動が高いことはおわかりになると思います。ですが、神棚があるからといって、家全体の波動が高くなるわけではありません。家に関して言えば、神棚があろうとなかろうと、波動の高さは一緒です。

しかし、たとえ家の一角でも、波動の高い場所があるというのは、ない場合と比べてメリットが大きいです。高波動があればそれを利用することができるからです。

どういうことかと言いますと、神棚にあげたお塩やお酒は、波動が一段高くなります。

どこかで成仏していない幽霊をつけてきたようだ、体調がよくない、どうしよう、という時に、神棚にお塩やお酒をあげて、それを舐めると軽い幽霊だったら、離れていきます。

1日と15日に神棚にお供え物をして、それをいただくと、同じように波動の高い物を口から体内に入れることができます。神社で直接神様にお供えをしたお酒などをいただく場合よりも、数段落ちますが、それでもそうすることで、通常よりも高波動をキープできます。

さらに、神棚にお祀りする〝おふだ〟の神社と、その家に住む家族は確実にご縁が結ばれます（ちゃんとお世話をしていることが条件で、放置しっ放しはダメです）。それにより、自分にはご縁をくれている神様がいないのではないか、と不安にならずにすみます。丁寧にお世話をしていれば、その神社の神様にますます可愛がっていただけるというわけで、そういう神様が1柱でもいてくれると人生は変わってきます。

毎日神棚が目に入ることによって、そして手を合わせることによって、信仰心を一定に保ち続けられるという、魂にとって大きなメリットもあります。

ただ、正直な話……お世話は面倒くさいです。いくら信仰心があっても、面倒くさがりな性格だったら、ついつい放置してしまうことになるかもしれません。

お世話ができずに放っておくような状況になる可能性があるのなら、自分からせっせと神社に出向いていって、神様に「また来たか、よしよし、よう来た」と喜んでもらい、可愛がってもらう方が断然いいです。そこはしっかり考えて神棚を設置することをおすすめします。

私は現在、1人暮らしです。家に神棚はありません。

1回目の結婚をする時に、実家と祖父の家から1柱ずつ神様に来てもらって、2柱の神様がいる神棚を持ちました。

私や弟、実家、叔母たちの家の神棚にあるご神体は、祖母が生前に勧請をしてくれた実際の神様が入っています。なので、他とはちょっと違っており、一度入ってくださった神様はずっと入ったままです。

その後離婚した私は、2柱の神様を連れて実家に戻りました。

それから元夫と2回目の結婚をするのですが、元夫がクリスチャンという事情もあって、私が譲り受けていた神様はそのまま実家にいてもらうことにしました。今でも実家で祀られています。自宅に神棚がないと守ってもらえないのか？　と言えば、そうではありません。ですが、神棚はないよりもあったほうがいいです。

しかし、お世話が負担になるようならストレスがかかるので、ないほうがいいし、ないからといって不幸になるわけではなく、「じゃあ持たない、でいいじゃないか」と言われると、いや、いざという時はあったほうが安心ですよ……ということで、そのへんは難しいです。

設置する時の注意点　棚・お社・方角など

ここからは具体的な設置について、話を進めたいと思います。

まず、最初に悩むのは棚の大きさ、ではないでしょうか。これは先に、棚に置くお社を決めたほうがいいです。

お社は、神様を1柱のみ祀る1社のものと、3柱まとめて祀る3社ものがあります。1社は扉が1つでお社の中の部屋も1つですが、3社のほうは扉も部屋も3つあります（部屋が1つになっているものもあるようです）。2柱を祀る場合は、3社用を買います（1社を2つ並べるのではありません）。

棚は、そのお社を奥に置いて、お社の前にお供えの皿が置けるくらいの奥行きを取ります。となると、結構存在感のある神棚になります。

今はスライド式で、棚の下から板がもう一枚、必要に応じて伸ばせるようなものがあるので、そういう棚を利用するのもいいと思います。お供え物の皿が置ければいいので、その奥行きを確保します。

次に高さですが、これは大人の頭よりも高い位置にします。神棚を見上げる感じになるようにするのです。

昔の家で天井が低い場合は、人間の息がかからないというのが最低限守らなければいけない高さです。せめて額の位置あたりです。

ですが、神棚は高い位置にあれば、それでいいというものではありません。タンスの上にお社を置いて、そこを神棚にする、というのはよくないので、やめておきます。これは仏壇ならＯＫですが、神棚はＮＧなのです。

諸々の事情でどうしても棚が作れない、という場合は、お気の毒ですが神棚は諦めたほうがいいかもしれません。しかし、まれに棚じゃなくてもいいという神様もいますので、そこまで気にしなくてもいいのかも？　というのが、最近の私の考えです。

神棚をどの方角に向けるか、という問題ですが、東向きか南向きと世間では言われているようですが、実は、方角はどちらに向けても構いません。

祖父母の家の神棚は北向きになっていました。ですが、多くの神々がなんの不満も支障もなく、そこに長年祀られていました。向けられる方角はまったく関係ないのです。

ただ、入口や窓に向かって設置すると、神様が出入りしやすいので、考慮しなければいけないのはむしろこちらのほうです。店舗などに置く神棚は、入口に向けます。

その他の注意点としては、仏壇と向かい合わせにならないようにする、神棚の下をバタバタと人が通るような場所に設置しない、くらいでしょうか。

普段使用しない部屋に作るより、できれば人が集まる部屋に作ったほうがいいです。誰も行かない和室とか客間とかよりは、リビングだのダイニングだの、みんなが集う部屋にします。

そして重要なことは、神棚は神様専用です。

尊い存在を祀る場所だからといって、同じ棚に、観音さんだとか菩薩さんだとかお大師さんなどの、仏様を乗せてはいけません。これは絶対にしてはいけないことです。

仏様も祀って拝みたい、という方は、神棚とは別に仏様専用の棚を作ります（向かい合わせにならないように設置します）。この棚は神棚よりも10センチほど低くします。

わざわざ棚を作らなくても、仏様だったら、タンスの上でもＯＫなので、そこに場所を作ってもいいです。仏様専用の場所を作って、観音さんだとか菩薩さんだとかお大師さん、四天王だのお不動さんなどの仏様は、一緒にそこに祀って大丈夫です。しかし、全然違う宗教のもの……たとえばキリスト教の十字架などは、そこに置いてはいけません。

そういうことをすると、霊的空間が歪んでしまって取り返しのつかないことになるので、注意が必要です。

神棚の付属品　雲・しめ縄・神具など

棚を設置して、お社も置きました。

次は、神棚の環境を整えます。まず、この空間を、神様が居られる清浄な空間にしなければいけません。

マンションやアパートに住んでいて、上に部屋がある場合（入居者がいるかいないかは関係ないです）、2階建ての家の1階部分に神棚を作った場合は、天井に「雲」と書いて貼ります。

神様の頭を人間が踏むようなことがあってはならないので、この「雲」で空間を切り離すのです。ですから、集合住宅でも一戸建てでも、最上階に設置する以外は、「雲」は必要です。

これは半紙に「墨で」書くべきで、筆ペンではなく、ちゃんと筆で書きます。神棚の天井の中央に、「雲」の字の頭が手前にくるように貼ります。

次はしめ縄です。これも、神様の神聖な空間と人間界を分けるためのものです。本物の藁で作ったしめ縄の、ごぼう締めとか大根締めと呼ばれるものを飾ります。神棚に向かって右側に太いほう、左側が稲穂になる向きに飾ります。紙垂《しで》も付けます。これは一般的な切り方で構いません。つけていればいいのです。というか、つけなくてはいけません。

しめ縄は、年に一度は交換すべきなので、一番手に入りやすいお正月前に交換する、と決めておくと便利です。

この「雲」としめ縄は、神棚の空間を聖域にするために欠かせないものですので、〝必ず〟用意します。

逆にこのふたつを省いてしまうと、神聖な空間にならず、神様はそこに居ることができません。つまり、「雲」としめ縄がない棚は神棚ではないのです。波動が高い空間にもなりませんのでお気をつけください。

最後に、神具です。

必ずいるのは、榊立て専用容器×2個、お塩のお皿×神様の数、お水の専用容器×神様の数、お酒の容器×神様の数、ロウソク立て×2個、これだけです。水に関してはお供えしなくてもまったく問題ないので、容器は持たなくてもいいのですが、ここでは基本をお伝えしているため、一応書いておきます。

セット販売でいろいろあると思いますが、他の物は絶対に必要というわけではなく、あとはお好みです。以上のものを用意すれば、迎え入れる準備が完了です。

おふだと護符の違い　おふだを大事にすることはご縁をいただくこと

おふだについての質問を多くもらいます。

なんだかよくわからないけど、パワーがありそう……というのがおふだの印象ではないかと思います。神社でもらってきたけど、扱い方がわからない……というのもよくいただく質問です。

おふだといっても、2種類あって、仏教のおふだと神社でもらう（買う）おふだは性質が全然違います。

まず、仏教のおふだですが、護符というとピンとくる人がいるかもしれません。ほとんどは、ペラペラした一枚ものの和紙で、絵や文字が描かれています。

大きさはさまざまで、災厄から身を守るための術がかけられています。

私が実際に使ってみたのは、比叡山の元三《がんざん》大師堂で購入した角《つの》大師のおふだと、降魔《ごうま》大師のおふだです。

角大師のおふだは戸口に貼るのがいいそうですが、さすがに集合住宅ではちょっと……ということで、玄関内に貼りました。元三大師堂でいただいたアドバイス通り、外に向けました。外出から帰ってきて玄関を開けると、角大師がこちらを向いている姿が目に入り、悪いものをシャットアウトしている感じがありありとしていました。この護符は効果バツグンです。

降魔大師のおふだのほうは、リビングに家の中に向けて貼りました。

元三大師堂のサイトでは、

【角大師お札】身体健康　厄難消除　皆さまのお身体をお護りくださいます。

【降魔大師お札】家内安全　除災招福　皆さまの大切なものをお護りくださいます。

と書かれています。

護符は将来やってきそうな災厄を術の力で防ぐ、というものです。他にも、悪霊などを封じ込めるために使用する護符もあります。

熊野三山（熊野本宮大社・熊野那智大社・熊野速玉大社）は神社ですが、有名な「熊野牛王《ごおう》符《ふ》」という護符があります。こちらも一枚ものの和紙に図柄が印刷されています。

護符ですので、かけられた術の力が和紙に凝縮されて入っており、紙がその効力を勝手に発揮して効く、というシステムです。なので、普通はこの和紙に手を合わせてお祈りしたりしません。

それが護符……仏教系のおふだです。

もう一方の、神社でいただく一般的なおふだは、中に芯が作ってあって分厚く、長細い形をしています。表にはその神社の名前が書かれています。

こちらは、護符とは全然違う種類のもので、その神社の、神様の波動がドーンと込められています。お守りとは比べものにならないくらい、しっかりした波動です。

波動を蓄えたおふだは何かと言うと、その神様に通じる小さな窓口のようなものです（神棚に祀った場合限定です）。

小さな出張所であり、神社との空間をつなぐ小型どこでもドアのようなものでもあり、神社の一部を小さく切り取って持ってきたという感じでもあります。要するに、おふだを神棚に祀ることによって、神様とつながる手段ができます。

「え？　おふだは神様じゃないの？」「神様の分霊じゃないの？」と思われた方がおられるかもしれません。

嘘は書けませんので、正直に言います。違います。

おふだは神様でも、神様の分霊が宿っているわけでもありません。ですが、道ができてつながっているので、手を合わせてお祈りすると届きます。

では神社でじかに神様に手を合わせてお話するのと同じですね、と言われれば、残念ながら、神様がいる神域で接するよりもかなりパイプは細いです、と言わなければなりません。

そんな細いパイプなら、神社に行ったほうがしっかり聞いてもらえるわけで、神棚におふだを祀るのは無駄なの？　と思われるかもしれませんが、そうではありません。

パイプは細いのですが、「確実に」つながっていますので、緊急の時はお守り以上にＳＯＳが届きます。お守りはこちらからＳＯＳを言わないと届きませんが、おふだの場合はつながっているため、人間がわかっていない危険でも、神様の方で事前に察知して助けに来てくれます。


私が福祉用具専門相談員をしていた時に伺っていたお宅のお話です。

利用者さんの夫は大変珍しい経歴の持ち主で、長年警察関係の仕事をしていたのですが、早期退職をして、それから神職の資格を取るために学校へ行き、最終的に神主さんになったという人でした。いろいろと興味深い話を聞かせてもらいました。

その時に、神棚を見せてもらったことがあります。神道ではこういうふうにお供え物をするのだ、といった話で、わざわざ椅子を持ってきて、実際に神棚にお供えするところを見せてくれました。その時に、私も交代して椅子の上に乗らせてもらい、神棚の中まで見せてもらったのです。

その神棚のお社におふだは入っていましたが、神様は入っていませんでした。

神職の人でも、神様を勧請して神棚に入ってもらうのは難しいのだな、と思いました。

そこの奥さんが要支援１で、シャワーチェアが必要だという依頼だったのですが、要支援になった話が驚きます。

奥さんは自転車で田舎道を走っていました。手元がふらついてよろけた瞬間に、なんと、高さが6メートルもある崖の上から自転車もろとも真っ逆さまに転落したのです。

奥さんは、首と腰や他の部分の骨を折る大ケガをしました。病院に駆け付けた夫は、変色した奥さんの顔を見て、これはもう助からない、と一目見て腹をくくったそうです。一命を取り留めることができたのは、落ちた所がコンクリートではなく、畑だったからでした。

助かっても寝たきりになるだろう、と言われていた奥さんでしたが、驚異的な回復をし、あれほどの大ケガ、しかも80歳近い高齢だというのに、要支援1程度の後遺症で済みました。

お医者さんにも奇跡、と言われたそうです。たまにちょっとふらつくことがある、腕に力が入らない、程度の後遺症で済んだのもお医者さんに言わせれば奇跡なのだそうです。

「日々、大切に神棚をお世話していると、守ってもらえるのですね。神様はすごいですね」と言うと「ほー、アンタそれがわかるか？　ワシもそう思てな、毎日感謝してるのや」と夫は言っていました。夫も奥さんもとてもいい方で、いつも畑で取れた野菜を「いいからいいから、内緒で持って帰りなさい」とどっさり持たせてくれました。

このように、おふだを大事にお世話をしていると、ご縁を授けてもらえるので、神様が危険を事前に察知して飛んできてくれます。守ってくれるのです。

そして、ここが一番大事、と声を大にして言いたいのは、末端とはいえ神様（の波動）を大事にしていることは、神社にいる神様に十分伝わっています。

ここ、非常に大事です。

私が訪問介護で週に1回会う利用者さんで、昔は町工場を経営していた方がいます。今は工場をたたんでいますが、昔の苦労話をよくされます。

仕事の依頼は定期的に来ていたが、たまにまったく来ない時もあった、と言っていました。その期間が長引くとお金が入ってこないわけで、従業員に払う給料がない……という恐ろしい状況になるそうです。

「仕事の依頼はな〜、バンバンくる時と、ピタッとけえへん時があってな〜。それが続いてみ? 従業員に払う給料、どないしょーってなるがな」

「そうでしょうね、経営者って大変ですね」

「大変やで。でもな、そんな時は、すぐに伏見のお稲荷さんに行ってな、お願いすんのや」

「え？　京都まで行くんですか？」

「そうや。車飛ばしてな。そしたらな、不思議やでぇ〜、すぐに仕事がきよるねん。毎回やで。毎回、京都まで行ったら必ず仕事が入っとったわ。あのお稲荷さんはすごいでな〜」

「ほ〜、それは不思議ですね〜」

と、そこで、一歩突っ込んで聞いてみました。

「〇〇さん、この家に神棚ありますよね？」（このお宅では、台所とリビング以外は入らないので、私は神棚があるかどうか知りませんでした）

「ん？　あるで？」

「そこに伏見のお稲荷さんのおふだをお祀りしてません？」

「え？　わかるか？　今もな、毎朝手を合わせてるねんで。世話になったからな」

やっぱりなぁ、と思いました。

おふだを神棚に祀って、大事にお世話していることを、伏見のお稲荷さんはちゃんと知っているのです。

相手は神様です。神様が、自分の波動が入ったおふだのことを、わからないはずがありません。眷属が定期的に神棚に祀られているおふだを見回っている、という可能性もありますが、神様はそれくらいのことはご自分でちゃんとわかっています。

おふだを大切にしている人のことを把握されているのです。その人が、わざわざ京都の神社まで来た、仕事をください、と一生懸命お願いしている……となると、その願いを叶えないわけがないのです。

神様（の波動）を大切にする人は、神様のほうもその人を大事にしてくれます。……というわけで、祀ったおふだの神様にはご縁がもらえている、というわけです。

おふだの取り扱い方　入っていただく順番と位置・実際に鎮座されることもある

このおふだですが、未来永劫、波動を蓄えているものではありません。大体1年くらいで弱ります。ですので、1年たったら神社にお返しして、新たに濃厚な波動入りのおふだをいただいてきます。

おふだは、「神棚のお社に入れている」と、1年くらいはほぼそのままの効力はありますが、「お社に入れなければ」、どんどん波動は消えていきます。

神棚がないおうちの場合、いただいてきたおふだは、なるべく高い位置に「立てて」置きます。この場合、タンスの上でもOKです。特別に祭壇を作る必要はありませんし、何か敷物を敷く必要もないです。

ただ、柱だの壁だのに、押しピンでとめてはダメです。

そういう時は、透明のビニール袋に入れて（波動が遮断されないように穴を開けておきます）、袋のみの上部を押しピンでとめます。おふだ本体に針などを刺してはいけません。

「お社に入れない」おふだは、お守りの強力バージョン、と思ってください。

「え？　窓口じゃないの？」と思われた方、残念ですが、神棚のお社に入れない限り、窓口にはなりません。

私の家にも神棚がないので、どうにかおふだ単体で窓口にならないものかと、あれこれ実験してみましたが、無理でした。

神棚がなければ、おふだはもらう意味がないのかというと、そうではなく、波動が続く限り、悪いものは寄ってきませんし、神社によってもらえる恩恵は違いますが、ありがたい効果もあります。

おふだをもらって来たけど、神棚のお社にはすでにおふだが入っている、そういう場合は、神棚の端っこに立てて置きます。向きなどは関係ないです。すでにおふだが入っているお社に、重ねて入れてはダメです。お社の中の空間は1柱分なのです。

端っこに立てて置いているところに、さらにもう1枚もらってきた、となると、この場合は端に立ててあるおふだに重ねてOKです。

お社に入れない限りは、家を守る強力なお守りですから、重ねても大丈夫というわけです。

次は、おふだをお社に入れる位置の話をします。

3社用のお社を用意した場合、どこの神社のおふだをどの位置に入れればよいのか、迷うと思います。

「神道」という宗教では何か決まりごとがあるようですが、実際は、自分が好きな神社のおふだで構いません。

一番好きな神様が伏見のお稲荷さんであれば、そこでいただいたおふだを真ん中に入れます。ここで守らなければいけないのは、「その家に来た順番」です。これは神格には関係ありません。一番にその家に来た神様が、お社の真ん中に入ります。

二番目に来た神様は、こちらから見て、お社の右側に入ってもらい、三番目に来た神様は向かって左側に入っていただきます。

この順番と位置関係は絶対ですので、間違えないようにします。それさえ守れば、氏神様とか伊勢神宮とかにこだわる必要はないです。大好きな神様をお祀りすればいいのです。

この章を書いていて、おふだを説明するのは難しいな〜、としみじみ思いました。感覚で理解しているものを文字にして説明するのは至難の業という感じです。

最後にもうひとつ、言っておかなければいけないことがあります。これも大変、重要なことです。

神社でいただいたおふだに、ごくまれに、本物の神様が〝自分から〟入ってくださることがあります。

「どれ、この人を守ってやろうか」と、おふだに入り、家に来てくださるのです。

実際、祖父母の家の神様の中には、〝自分から〟「この家を守ってやろう」と来てくれた神様がいました。めったにあることではないのですが、こういうパターンもあります。

祖父母は「めったにないがの」と言っていましたが、それは年に一回とか、たまにしか参拝しない人を想定して言ったのだと思います。

コンスタントに参拝していて、そこの神様にご縁をもらっている人なら十分ありえる、と私は思っています。

来てくださるのは、神様の眷属のこともありますし、神様のところで修行している神様、という場合もあります。どちらにしても、神様が実際に入ってくれるのは大変ありがたいことです。

この僥倖をもらえる人は、魂がピュアな人、なのですが、その説明が難しいです。それを表現する言葉がないのです。

わかりやすく別の言葉で言えば、信仰心があつい、心が柔軟である、人を憎むとか恨むとかせず、だましてやろう、足を引っ張ってやろうなどと思わず、心がまっすぐで、お腹の中に何もない人、です。家で神棚をちゃんとお世話できる、というのも必要かと思います。

愛情ダダ漏れで「大好き！」と、いつも参拝している神社のおふだをもらうと、来てくださっている可能性は大きいです。

もしも、おふだに神様が入ってくだされば、神棚に祀ることによって、それは神社に行くのと同じになります。そういう可能性も十分あるので、神棚は粗末に扱わないほうがいいです。

ちなみに、神様がおふだに入って来てくれたとしても、神棚の〝お社〟に入れて祀らなければ、神様はお帰りになります。

神聖な空間でなければ、神様は長居ができないからです。

プロの人に勧請してもらうのはどうなのか……ですが、これは霊能力がある人でなければできません。それも神様に動いていただけるほどの力が必要になりますので、ちょっと程度の霊能力では無理だと思います。

たとえ神職や僧侶の人でも力がなければ、神様を動かすことは難しいのです。神様が「ここの家は嫌じゃ」という可能性もあり、その場合は説得して納得してもらわなければいけないからです。

勧請して来ていただく場合は、おふだではなく、お鏡に入ってもらいます。自宅で勧請はできないので、勧請してくれる人と一緒にその神社に行かなければなりません。

お供えもの　毎月1日15日はお供えをする・4月10月は少し豪華に

次は神棚のお世話とはどういうことをいうのか、についてです。この部分は神道の作法とは全然違うかもしれません。

波動のみのおふだの場合と、神様が実際に入っている場合とでは、お世話も微妙に違ってくるのですが、ここでは神様が入っている場合のほうで書いていきます。

まず、毎朝のお供えものですが、〝毎朝〟する必要はありません。水とかお塩とか、毎朝交換しなければいけない！　というような話を聞きますが、しなくても大丈夫です。

「えー！　本当ですかっ！」とあちこちから声が飛んで来そうですね。ですが、本当です。

逆に、必ずしなくてはいけないのは、毎月、1日と15日です。この2日だけは必ず、お供えものをします。お供えものをする時間は、午前中が望ましいので、できればお昼までにします。

まず、榊を新しいものと交換します。

次にお塩を専用のお皿に山型に盛り、神様の数だけお供えします。この時、お塩を手で触って山型に整えてはいけません。

神棚に上げるお塩は、粗塩ではなく、普通のものを使います。袋の口を小さく開けて、サラサラと上から落とせば自然と山型になりますので、そのままお供えするのです。富士山のようにキレイな山型にならなくても、山型っぽければOKです。ちなみに神棚に粗塩は上げません。

お酒も、お水も専用の容器に入れて、フタをしないで神様の数だけお供えします（お水はお供えしてもしなくてもどちらでもかまいません）。

ここまでが最低限のお世話です。ちなみに三方《さんぼう》はいらないです。棚に直接置いても問題ありません。

さらにもっとちゃんとしたい人は、少し大きめのお皿にお供えものをまとめて載せて、それを神棚に上げます。お供えものは、〝海・山・野〟のものです。

海のもので、オーソドックスなのは鯛ですが、どうしても鯛がない時は黒い魚や青い魚じゃなければなんの魚でも大丈夫です。祖父母の神棚には鯛と一緒にスルメが上がっていることもよくありました。鯛も尾頭付きの一尾丸々がいいのですが、私は時々、お刺身で我慢してもらっていました。

山のものは、木になるものです。これは主に果物でリンゴとかみかんとかになります。意外かもしれませんが、鶏肉も卵も山のものです。どちらもお供えしてOKです。

野のものは、野菜です。きゅうりとか人参がよく神棚に上がっていました。

お皿に、鯛のお刺身とリンゴと人参を盛りつけると、それだけで〝海・山・野〟を揃えたことになります。たくさん種類を揃える必要はなく、どれも1個ずつでいいのです。それを神棚に上げます。

神棚に上げるものは新鮮なものでなければいけませんし、人間の残りものは失礼になるのでやめておきます。

たとえば、卵を10個パックで買い、いくつか使った残りの中からひとつを上げるのはNGです。きゅうりの3本パックを買ってすでに1本食べているのに、残ったものの中から1本を上げるのもダメです。失礼になります。お供えものは、初めから「神様のために」買い、それを上げます。

お塩は一袋を神様用として購入し、神様以外に使わなければ、毎回そこから出して上げても大丈夫です。お酒も同じです。

最後に、お米ですが、生米は上げません。お米を上げる場合は、必ず炊いて、炊きたてをお供えします（ジャーの残り物はダメです）。白米でもいいですし、赤飯にすると大変喜ばれます。器は普通の小皿で構わないのですが、これも神様の数だけ上げます。

炊くのが無理、という場合は、お米は上げなくても大丈夫です。お米は省いてもまったく問題ありません。

私は朝、ご飯を炊く習慣がないので、自分の神棚を持っていた時、一回もお米をお供えしませんでした。実家もそうで、数年に一度の割合でしか炊きたてのご飯は上げていないと思います。

申し訳ないと思うのか、母は時々、ちらし寿司を朝一番で購入してきて、それをお供えしたりしています。レンジでチンのパックご飯を上げているのを見たこともあります。

神様は「ンモー」みたいな雰囲気ですが、お寿司でもパックご飯でも我慢してくれています。

生でなければOKなのです。

では、なんでもお供えしていいのかというと、そうではなく、絶対に神棚に上げてはいけないものがあります。牛肉・豚肉など、足が4本ある動物のお肉関係です。イノシシ、羊や馬などもダメですね。これは「絶対に」上げてはいけません。同様に乳製品もダメです。

〝海・山・野〟のもの、炊いたご飯、などをお供えして、ロウソクに火を灯し、手を合わせます。時間があれば、ロウソクが自然に燃え尽きるまで待って、火が消えてからお供えものを降ろします。時間がなければ、5分くらいで火を消してもかまいません。消してからお供えものを片付けます。

その片付けですが、〝海・山・野〟のもの、お酒は悪くなるので、火が消えたら降ろします。降ろしたものは、高い波動になっていますので、もちろんいただきます。

榊とお塩はそのまま置いておきます。榊は1日に上げて、15日までもたずに枯れてしまうことがありますが、そうなったら降ろせばいいです。

お塩のほうは常時、神棚に載っている状態が望ましいので、これは15日まで放っておいてもかまいません。置いてある場所が神棚ですので、悪いものを吸収することはなく、神様側からしても毎日お塩を交換しなくてもなんら問題はないのです。

途中で交換したいと思えばしてもいいですし、毎日交換するのは大切にする気持ちが伝わりますので、喜んでもらえます。

お供えものは、通常は基本のお供えもの（榊、お塩、お酒）だけでもいいのですが、4月と10月は神様のお祭りです。この月の「1日」だけは〝海・山・野〟のものを上げます。この特別な2日と、お正月は、できれば鯛は尾頭付きの一尾をお供えすると神様に喜ばれます。

失礼をしない　穢れについて

神棚ができて、ご縁をもらえたありがたい神様に失礼をはたらくようなことはしたくない、と皆様そう思われるのではないでしょうか。

実は神様には苦手なことが2つあります。その苦手なことをして、神様に不快な思いをさせない、嫌な気分にさせないことが大事です。

神様にとって、苦手なものは「死の穢れ」と「血の穢れ」です。

この〝穢れ〟という言葉……〝けがれ〟と読みますが、〝汚れ〟とか〝きたない〟という意味ではありません。神道で使う言葉なのでこの言葉を使いましたが、意味はそうではないのです。響く音から、汚れているようなイメージを持ってしまいがちですが、それは間違いです。穢れとは、神様が苦手とするものです。

まず、「死の穢れ」……これは親族が亡くなった時につく「喪」です。まず最初にしなければいけないのは、神棚に目隠しです。この目隠しですが、私が初めて見たのは祖父母の家の神棚でした。祖母が亡くなった時です。

白いさらしのような木綿の布を、神棚の周囲にぐるりと巻いていました。たぶん、天井から押しピンか何かで留めていたのではないかと思います。カーテンみたいにして、神棚の端から端まで（正面だけでなく、横のほうまで）全体が隠されていました。病院のベッドの周りをカーテンでぐるりと隠すような感じです。ここまでしなくても、半紙をお社の正面に貼るだけでもいいです。

神棚を隠している期間ですが、親・配偶者・子どもが亡くなった場合は49日です。それ以外でも、神棚があるその家に住んでいる人が亡くなると、同じく49日です。その家に住んでいない親族が亡くなった場合は33日になります。

ちなみに、神社への参拝も同じです。親・配偶者・子どもは49日、それ以外の親族は33日、参拝は遠慮したほうがいいです（これはご遺体に接した日は入れません。葬儀に参列したら翌日からカウントします）。

まったく行き来がない、連絡すら取っていない親族……ほぼ他人？　という場合でも、33日間は参拝しないほうがいいのでしょうか、と玉置《たまき》神社（奈良県）の神様に質問をしたことがあります。すると神様は困ったような口調で「できれば、遠慮してほしいの〜」と言っていました。来るな、とキツイ言葉では言いませんでしたが、言葉の裏には相当苦手な様子が窺えました。

けれど、祖父母、孫、兄弟までは2親等でそこそこの期間、喪に服すのはわかりますが、おじ・おば、甥・姪になると3親等、イトコなどは4親等になるわけです。

参拝を遠慮するのは3週間程度ではダメなのかな？　という疑問が湧いて、今度どこかの神様に質問してみようと思いました。実際に従妹が亡くなって、自分がその立場になってみると、これは3週間程度では神様の前に出られないわ、とわかりました。

なんというか、表現が難しいのですが、自分の霊体に喪がついているのです。これは塩で清めるとか、そういう問題ではありません。

この喪をつけたままで、鳥居をくぐってみてと言われても、いや、ちょっと無理です、となります。もしも、鳥居をくぐって神前に行ったら、神様は嫌な気持ちになるだろうな、あ〜、そうか、こういうことか〜、と思いました。たとえ4親等のイトコでも、33日は遠慮すべきなのです。

人間の感覚で判断して、大丈夫だろう、と参拝するのではなく、ここは神様の気持ちを考えて参拝を先に延ばしたほうがいいです。

ブログや本にも書いていますが、生理も神様は嫌がられます。これは女性の生理が特別に嫌い、とそこにこだわっているわけではありません。

たとえば、参拝直前に事故に遭って、大ケガをして血がダラダラ流れていたとします。こういう状態の参拝も失礼にあたります。「血の穢れ」だからです。男女を問わず、ケガの直後の出血中とか、鼻血をタラタラ流しながらの参拝も「血の穢れ」になります。

生理は神様が与えた子どもを産むためのものなのに、神様がそれを嫌がるはずがないです、という意見をいただいたことがあります。その「神様が与えた子どもを産むための生理」ですが、女性に子どもを産むことを与えてくれたのは、〝唯一無二の絶対神〟のほうです。

この〝唯一無二の絶対神〟と、神社にいる〝超高級霊の神様〟は全然別の存在です。日本語では「神」という言葉が重なるので混同してしまいがちですが、同じではありません。

たしかに唯一無二の絶対神は、生理とか喪中とかそういうことは一切気にしません。ですが、神社にいる神様は、苦手とされているのです。眷属の中には本気で嫌って怒るものもいますが、神様自身はそこまでではないにしろ苦手なのです。というわけで、生理中は家の神棚にも手を合わせることは遠慮したほうがいいです。それが神様に対する思いやりなのです。

そしたらお供えものはどうすればいいのか……。

母が昔、生理中のお供えについて、祖母に降りた神様に直接聞いたことがあるそうです。それまでは生理中は、父が代わってお供えものをしていましたが、父の出張が増えてくると、お供えをする人がいません。当時、私はまだ幼児で弟は赤ちゃんでした。

神様は、「どうしてもお前がお供えしたい！　と思うのであれば我慢する、してもよい。けれど、そんな時は無理してお供えはしなくてもよい」と言ったそうです。「我慢する」と言われたのです。

祖母によると、高神様《たかがみさま》だったら絶対にいかん、ということでした。高神様というのは山岳系神様のことです。本当に神様は、生理が苦手なのです。私も女だし、どうして女性だけが差別されなきゃいけないの、という気持ちはあります。ですが、神様が苦手とされていることもよく知っているので、神様のことを思うと仕方がない、と思います。

生理中の神棚へのお供えは、神様に我慢していただくことが前提です。その我慢をしてもらっても私はお供えがしたい、のであれば神様は我慢してくださいます。

生理中に神社に行く際、清めの塩をポケットに入れておけばいいと聞きました、というご意見をもらったこともあります。わからなくもないのですが、間違いです。残念ながら生理は塩で清められるものの中には入りません。というか、生理は清めなければいけないものではないのです。

生理中であってもどうしても神社に行かなくてはいけない場合もあると思います（結婚式などですね）。そういう場合は、とにかく心から非礼を詫び、神様に我慢させて申し訳ないと神妙にお参りすれば神様の印象も違ってきます。

生理中に参拝したからといって、神様は怒ったりしません。厳しい眷属は怒ることもありますし、山岳系の眷属なら、山に入るな！　という意思表示をすることもありますが、神様はただじっと我慢しています。

もちろんバチが当たるとか、障りがあるなどということもありません。だからこそ、こちら側で遠慮をして、神様に嫌な思いをさせないということが大切だと思います。

神棚あれこれ　扉と塩の使い方

神棚のお社には扉がついています。仏壇の扉は「全開にして」24時間、ずっと開けっ放しにしておきますが、神棚のお社の扉は、「半分より狭いめ程度」の隙間を開けておきます。

ぴったり閉じてしまうと、神様が出入りできなくなるからです。波動も閉じ込められてしまって、神棚を設置した意味がなくなってしまいます。もったいないというか、失礼になります。全開はそれはそれでよくないので、ほんの少しの隙間を開けておくのがベストです。

よそのお宅に遊びに行って、そこに仏壇や神棚がある場合、仏壇のほうに焼香することはよくあることです。ですが、他の家の「神棚」に手は合わせません。

というのは、家に祀られている神様は、そのお宅専用だからです。手を合わせるのが悪いのかと言えば、そこまではありませんが、軽々しくしていいことではないです。遠慮したほうがいいと思います。それが実家だったら、たとえ姓が変わっていても大丈夫です。

さきほど説明した、どこかで成仏していない幽霊がついてきて体調がよくない場合、神棚のお塩で軽い幽霊は離れていきます。

恨みを持ったような強い霊となると、お塩程度の浄化では無理ですが、ひょいっとついてきたような霊なら落ちます。その場合、上げっ放しのお塩は使いません。それは一旦、下げて、新しく盛ったお塩を上げます。

ロウソクに火を灯して、これこれこういうわけで体調が悪いです、幽霊がついているのであれば、お塩に神様の力を入れてください、とお願いします。火を消してから、お塩を下げて、ちょっとだけ舐めます。

あとは部屋の四隅に撒くといいです（撒いて少ししたら、掃除機で吸ってかまいません）。その時、必ず窓か玄関を少し開けておきます。幽霊の逃げ道を作っておくのです。そして、神様には新しく、またお塩を上げておきます（お塩は常時、上がった状態にしておきます）。

第12章 人生をよりよくするために

神様から聞いた柏手の打ち方　二礼二拍手一礼ではない私の参拝の仕方

元夫は今まで、神社の神様に〝お願い〟をしたことがありませんでした。彼はクリスチャンなので、他の宗教にすがるという考えがなかったのです。たまに私と神社に行っても、波動を受け取って帰るだけでした。

そんな彼でしたが、調子がよくない時期が続いたことがあって、ほとほと参っていました。そしてついに、神社の神様が助けてくれるのならお願いに行きたい、と言ったのです。そこで私は初願掛けにふさわしい神社に元夫を連れて行きました。

本殿に向かう途中で、「どうやってお祈りすんの?」と聞くので、参拝の仕方を教えたのですが……。

ここで私は、一般に基本作法とされている「二礼二拍手一礼」ではない、私の一族がする方法で参拝するように言いました。これは祖父母が、祖母に降りた神様から〝直接〟聞いたやり方です。その方法で参拝するように、と教えたのです。

そこで、ハッとしました。

「二礼二拍手一礼」は神道で決まった神様への挨拶の仕方で、間違っているわけではありません。このやり方でも十分、神様は聞いてくださいます。何の問題もありません。が、しかし、私は自分の大事な人には神様から直接聞いたやり方で参拝しなさい……とアドバイスしているのです。

やはり心のどこかで、自分では気づいていないながらも「二礼二拍手一礼」は人間が決めた儀式的な参拝方法だと考えているのでした。

私も祖父母方式で参拝しています。

これを読者の方に教えないままでいるのはどうなのか……と思いました。実は以前からこの件は書くかどうか、迷っていました。

今まで書かなかったのは、全国的に参拝方法が「二礼二拍手一礼」で統一されており、こちらでも決して間違いではないからです。

神様に直接聞いたやり方です、と言っても、どこまで人は信じてくれるのかわからないし、ややこしい論争をふっかけてくる人もいるだろうなと思うと、神社本庁が推奨する「二礼二拍手一礼」にわざわざ異を唱える必要はあるのだろうか、と思いました。それでこの件は、もう書かずにいてもいいいんじゃないか、とそう考えていました。

実は「二礼二拍手一礼」を基本作法としたのは明治以降です。

それ以前は、両段再拝《りょうだんさいはい》といって「二礼、祈念、二礼」で、柏手は適宜だったと言われています。

柏手は古代、貴人に対する敬意の表現だったそうで、最も格式が高いのは「八開手《やひらで》」で、新年や大嘗祭の時に臣下が天皇にしたそうです。現在でも伊勢神宮の礼拝法にあるそうですし、出雲大社は四拍手となっています。

その出雲大社の神様が、柏手は打てばそれでよい、と言っていたので、回数にはそれほどこだわらなくてもいいのかもしれません。

私は物心ついた時から、神様に手を合わせる時は、「2拍手、祈念、2拍手」です。

最初のパンパンという2拍手は、神様に、今からお願い事をします、お話させていただきます、よろしくお願い致します、という挨拶になります。

そして心の中で、もしくは声に出して、神様にお話やお願い事をします。

それが終わると最後にもう一度、パンパンと2拍手をして〝締める〟のです。

終わりました、ありがとうございました、どうぞお社にお戻りください、という合図です。

祖父母はもちろん、私の一家や叔母たちもいとこたちも、みんな「普通に」この参拝方式です。

ですから私もどこの神社に行ってもこのやり方で参拝しています。

神様に直接聞いたやり方なので、きっとこれが神様にとって、してほしい参拝なのだろうと思っています。伊勢神宮だろうと、出雲大社だろうと、山岳系の神様も全部、これで通しています。

では、拝礼はいつするのか？　ということで、私の参拝のやり方を詳しく書きます。

まず本殿前に立って、静かに、滑らせるようにしてお賽銭を入れます。鈴は鳴らしても鳴らさなくてもどちらでもかまわないのですが、私は鳴らさないことが多いです。

そして、本殿を、本殿の内部と言いますか、神様がおられるあたりをじっと見ます。その時に、参拝させていただけたありがたみをしみじみと感じて、感謝で自分をいっぱいにします。

そこで、いきなり2拍手して、目をつぶり、頭を少し下げた格好で、祝詞をあげたり、お話をしています。最初の拝礼はしていないです。

話し終えたら、2拍手をして、そのあとで深く1礼しています（最後の1礼は神社でしかしていません。実家の神棚は2拍手で終わりです）。

つまり神社では「2拍手、祈念、2拍手、1礼」なのです。

「ええーっ！　最初に拝礼しないなんて、失礼なのではっ？」と思われる人が多いでしょうが、厳しい眷属がいる神社でも怒られたことはありません。

〝2拍手〟がすでに人間で言うところの拝礼、礼を尽くしたご挨拶になっているのです。

ですので、2拍手した時点で、すでにあちらの世界では礼儀をもって接していることになり、問題はないようです。でなければ、厳しい眷属が黙っているはずがありません。

もちろん、失礼だと感じる人は拝礼をしたほうがいいです。そのほうが、より丁寧だと思われます。

実際、私の参拝方式でお参りしていると、社務所の神職さんにじぃぃーっと見られたりします。奇妙な参拝をしてるなー、何じゃ、ありゃ？　という視線です。

子どもの頃から、「2拍手、祈念、2拍手」が普通だと思っていた私は、神社では「二礼二拍手一礼」なのだと知って、え？　こっちが正式な方法なの？　と戸惑いました。

祖父母を疑うわけではありませんが、全国でそう言われているということは、〝神社というところに行った場合は〟「二礼二拍手一礼」なのかな？　と思いました。

しかし、祖父母の家にいた神様はみんな神社から来ているのです。その神様方が、「2拍手、祈念、2拍手」が参拝の仕方だと言っているのです。

そこで実験をしてみました。とある神社で一度、「二礼二拍手一礼」で参拝をしてみたところ、お話をしたあとに締めのパンパンをしないわけで、ものすごーく失礼なことをした、という申し訳ない気持ちになりました。

2拍手があちらの世界では拝礼にあたるとしたら、終わった後の拝礼はしません、あ、人間界での礼は一回しますけどね……ということになります。

以来、祖父母方式を貫いています。

もうずいぶん前になりますが、ビートたけしさんの特別番組で、タイトルは忘れましたが、伊勢神宮特集みたいなのがありました。

その番組の最後にたけしさんが伊勢神宮の神職の人と内宮の正宮を参拝していました。そこでたけしさんは、伊勢神宮の〝神職の人たちがする〟お参りの仕方をしていました。

まず2礼をし、蹲踞《そんきょ》をして（かがむ、というかお相撲さんが懸賞金を受け取る時の姿勢です）

そして2拍手、祈念して、また2拍手で締めて、立ち上がって1礼をしていました。見ていて「え？　伊勢神宮の神職の人たちは、祖父母がしていた締めの2拍手をするんだ」と驚きました。

番組の中で「あれが正式なんだって」とたけしさんが言うのを聞いて、教えてくれる神様は違っていても、やり方は共通しているのだなと思いました。ということはやっぱり、神様はその方法で参拝してもらいたいわけで、祖父母方式でよいのだと確信しました。独特の作法ですが、私はそれでお参りしています。

もちろん「二礼二拍手一礼」は間違いではありませんし、神様もそれでちゃんと聞いてくれますから、自分がいいと思うやり方で参拝をするのが一番です。

初日の出　拝むとラッキーな一年に

神社仏閣参拝で、メジャーな時期といえば年始です。普段は神社に行かない人も、お正月は家族揃って初詣に出かけるのではないでしょうか。

年明けに神社参拝をすることは、とてもよいことです。いつもの神社のご神気に、お正月の華やかなおめでたい、希望に膨らんだ「気」が加わっています。

神様の波動とともに、その明るく開運をうながす「気」ももらえるのです。内面からポジティブになって、その年を好転させる鍵になります。

私がおすすめしたいのはもっと運が開ける、初日の出を拝むことです。

太陽にスピリチュアルな力があることはうすうすわかっていましたが、なんというか、それは原始的な信仰？　という感じがしていました。

古代文明をいろいろみてみると、世界中で太陽信仰があったことがわかります。あちこちの古代遺跡では、夏至や冬至、春分・秋分の、太陽が昇る位置に合わせて、建造物を作っていたりします。

古代の賢い人たちが、夏至や冬至のパワーを信じていたということは、やっぱりそこには何かあるのでは？　と思いました。

それで何回か実験をしたことがあります。夏至・冬至の、日の出の太陽光を浴びる、というものです。春分・秋分の日もやってみました。

結果は、皆様もやってみるとおわかりになると思いますが、いまひとつ、効果がわからない……でした。

特別に何かが変化するということでも、運がよくなるということでもなく、朝早く起床して太陽光を浴びて気持ちがいい、というものでした。太陽パワーについては、そのまましばらく忘れていました。

2回目の離婚をした年末、お正月の初詣について元夫と計画を立てていました。初詣は日付が変わってすぐに行こう、参拝したあとは深夜だし、「その後、どーするー？」という話になりました。せっかく車があるので（父の車です）、ドライブでもする？そうだ、久しぶりに初日の出でも見に行こうか？　となり、そこで気づいたのです。

「そういえば……初日の出を見に行った年は運がよかった」と。

子どもの頃は時々、父と弟と一緒に、初日の出を見に山に登っていました。それも小学生の頃までで、中学生以降は見ていないと思います。

それから月日は流れ、大人になって、2回ほど、初日の出を見に行きました。その2回が、2回とも結婚をする年になったのです。

それは運がよいと言えるのか？　という鋭いツッコミは、ちょっと置いておいて……よい変化があった年になったことは間違いありません。

2回目の離婚をしてからは、毎年、初日の出を拝みに行くようになりました。どの1年も、不幸な出来事がなく、その時なりの幸運な1年になっていました。

ブログが書籍化された年の初日の出は、母親と2人で拝みました。元夫は体調が悪く、出かけられなかったからです。

初日の出には力があるようだ、と思う反面、でも一種のジンクスで、別に見なくてもそう変わりはしないだろう、という気持ちもこの時までありました。ですので、この年はわざわざ出かけて行かずに、母と実家の庭から拝んだのです。

気持ち的には、見られても見られなくても、そんなにこだわらない、という感じでした。

この年の太陽はなかなか登りませんでしたが、一旦登ると、不思議な光を発していました。太陽から放射線状に、うわーっと多くの光の線が、くっきり無数に延びていたのです。初めて見る現象でした。

天気の悪い日に、雲の間から太陽光がスジになって見えますが、あのようにハッキリとした光線なのです。それと同じ光線の、細いものが無数に太陽からじかに周囲に延びているのです。

何？　何？　これは一体なんなの？　と2人とも、しばらくぽかーんと空を見上げていました。

太陽から後光が射している、としか思えません。

ハッと我に返った母が慌てて太陽を拝み始めました。私も、後光が射している間にお願いしなくては！　と思い、太陽に手を合わせました。3分くらいで現象は消えましたが、太陽の後光は初めて見た、と母が興奮していました。

この年、母も大変幸運な1年であり、私もブログが書籍化されるという幸運に恵まれました。

科学的には1月1日の日の出も、他の日の日の出も変わりがないと思うのですが、しかし、そこには確実に何かが作用しています。夏至や冬至、春分秋分にはなかった何かです。

元日にだけ、太陽光に乗って太陽の神様が現れるのかもしれないです。元日だけこちらからの声が太陽に届くのかもしれないし、もしかしたら宇宙規模で太陽光線が特別なのかもしれません。めでたい年の始まりという日本中の念の作用も考えられますが、とにかくよい運回りになるということは言えると思います。

初日の出を見る習慣がない方は、一度試されてみてはいかがでしょうか。

ちなみに顔を出した太陽に、私は2拍手して、お願いを言い、2拍手で締めています。

数字を引き寄せ、幸運を引き寄せる　ゲーム感覚で引き寄せてみる

最初に「あれ？」と気づいたのは、本を初出版する前年の春頃だったと思います。初めはそんなに大したことだとは思いませんでした。「偶然が多いなー」程度の感想でした。

なんのことかと言いますと、〝数字〟です。何かをふと見ると、数字が並んでいることが多かったのです。

初期の頃はスマホのデジタルの時間表示でした（私のスマホはロック画面にでかでかと時間が表示されています）。

何気に見ると、「11：11」「18：18」など、〝ぞろ目〟か〝同じ数字の繰り返し〟になっていることがありました。

最初は、それが一日に1回程度で、そのくらいなら誰もが普通に見る確率だと思います。私もまったく気になりませんでした。それが、少しずつ、徐々に、増えていきました。

一日に2～3回必ず見るようになり、その期間がしばらく続くと、一日に3～4回見るようになり、時には5～6回見たり……たまに1回も見なかったりという日もありましたが、トータルでみると少しずつ増えていきました。

そのうち、デジタル目覚まし時計でも、パソコンの画面の時計でも、そういう数字をよく見るようになりました。

パソコンでブログのトップページを見たら、ペタの数字がぞろ目（555、777、111など）、という非常に珍しいこともたびたび起こるようになりました。

ご存知ない方のために説明しますと、ペタとは私のブログを訪問してくれた人が「来ましたよ」と足跡を残してくれるシステムです。ペタの一覧画面を見ると、何日の何時何分に誰が来た、ということがわかります。その総数がブログのトップページに出ているのです。

当時は「いいね」ボタンがなかったので皆さん、ペタで来たことを教えてくれていました。ですので、ペタの数字は分単位、時には秒単位で変わっていました。

ペタは複数の人が同時にしたりもするので、一個ずつ増えるのではなく、一気に3～4個増えたりします。意図的にぞろ目を見ようとしても不可能なのです。

私がパソコンでブログのトップページを見るのは、一日1回、せいぜい2回くらいで（メッセージはスマホで読んでいます）、そんなにたくさんチェックするわけでもないのに、たまたまそういう数字に出合うのは不思議でした。

年が明けると、ほぼ毎日、〝ぞろ目〟か〝同じ数字の繰り返し〟をスマホ以外でも、どこかで目にするようになりました。

コンビニやスーパーで買い物をしたら「777円」「5555円」になったりとか、そういうことも起こるようになりました。不思議だ……どういう現象なのだろう？　といろいろ考えましたが、わかりませんでした。

〝数字を引き寄せている〟ということは、宝くじの当選番号も引き寄せるのでは？　と考えたりもしました。もちろん、買いました。

が、宝くじが当たるということはなく……何か意味があるのだろうけれど、それがわからない、というまま再び春になりました。

この頃は、スマホを見る時は（一日にそんなにたくさん見るわけではないです）ほぼ全部と言っていいくらい〝ぞろ目〟時間か〝数字の繰り返し〟時間になっており、自分の身の上に何が起こっているのかビビりました。例えば「20：20」に見て、次にスマホを手に取ると「21：21」で、次は「22：22」みたいな感じです。

大きな温泉施設に行って、ロッカーキーをもらったら、それが銀行の暗証番号だったこともあります。4000くらいあるロッカーキーの中から、その数字のキーを探せといっても探せないであろうに、それをドンピシャリで私に渡してくれたのです。

偶然にしてはでき過ぎている、と思いました。その番号をくれる、その時間に行った私はすごい、と思いました。

書籍化が決定し、その後も数字が寄ってくる現象は高確率で続いていました。

ピークは本が発売される直前の1ヶ月間です。

仕事で使う会社の車が何台かありますが、これは乗るたびに走行距離を記録するようになっています。たとえば、乗った時が985㎞始まりで、乗り終えて記録すると、ジャスト1000㎞になっているとか、ジャスト3万㎞とか、ぞろ目のメーターになっているとか、そういうメーター数の場合は必ず私に当たっていました。

銀行の残高がぞろ目とか、あちこちで数字マジックみたいなことがありました。

実際に本が発売されて、夢が〝現実に〟叶った状態になったら、数字を引き寄せるのはピタッとなくなりました。今は、ごく普通の確率で目にする程度です。

特別な数字が、徐々に多く寄ってくる、という、この不思議現象を体験している間、それが面白くて「もっともっとぞろ目や繰り返し数字を引いてやろう！」と思っていました。

その意欲に呼応するように、数字マジックは少しずつ増えていったのです。

最初は宝くじの当選かな？　と思っていましたが、そうではなさそうだと気づき、ということは……数字の先には何か大きな幸運があるのかもしれない、と思いました。

こうして今、振り返ってみると、やっぱり数字の先にあったのは〝幸運〟だったと思います。最初にちょこちょこ並んでいた数字の偶然に気づくことが大事なのかもしれません。かなりの確率で見かけるようになったら、いちいち「うわぁ、また引いてるわ〜、すごいなー私」と〝引いてる実感〟を意識していたのですが、それも次を引っ張る重要な要素のような気がします。

そうすると、ますます数字を引っ張ってきて、最終的に数字の向こうにある幸運も引っ張るのではないか……と、これは私の推測ですが、そう思っています。

数字は、見えない力に反応する性質があるみたいです。

夢が実現化したのがまだ1回だけであり、この1回だけで結論付けることはできませんが、こういう現象もあるということをお知らせしたくて書いてみました。

私は数字が並び始めて1年とちょっとかかりましたが、もっと早く幸運を引く人がいるかもしれませんし、もしかしたら3年とか5年くらいかかる人もいるかもしれません。

私がこうだったので全員がこうなる、と保証するお話ではございませんので、「そういう現象もあるのね〜」くらいの感覚でお読みいただけるとありがたいです。

あとがき

この本を読んでいただきありがとうございました。

読者の方から、ありがたいことに日々多くのメールやお手紙をいただいております。そのなかにキラリと光るお手紙がありましたので、それをご紹介したいと思います。

「私は、ほとんど全くご神仏とは関係のない暮らしを40年以上続けていました。幽霊も見たことはないですし、いわゆる霊感は全然ないと思ってきました。

識子さんのブログを拝見するようになってから、ご神仏を真正面から信じられるようになり、ここ最近ようやく神社仏閣にお参りするようになりました。

初心者なので拙い自己紹介ですが、一生懸命しています。私より現実的だった夫も一緒に参拝しては一生懸命ご挨拶しているようです。

時々、お寺で仏像様のお顔を拝見してなぜか『ハッ』とすることがあります。私には像の中に仏様がいらっしゃるかはわかりません。神仏のお声も聞こえません。でも、そんな時は一生懸命手を合わせます。ご神域で気持ちの良い空気を頂ける時は大きく深呼吸しています。先日は道端でふっと青空を見上げたら雲がまさに龍の顔を形作り、十秒後くらいにはとぐろを巻いた蛇に形を変えて見せてくださいました。思わず手を合わせました。
識子さんのおっしゃる通り、耳をすませば、目を凝らせば、そこここにご神仏の優しさがあふれていました。今まで気づかなかったのです。全然気づかなかったのです。
これからも耳をすませ、目を凝らし、いつも絶対神、ご神仏、守護霊様、ご先祖さま、そして家族に守られていることを感じながら感謝して生きていこうと思います」

素敵な文章ですね。〝気づく〟ことに目覚めたら、人生は変わります。

参道を歩いていて、ふと参道わきを見ると可憐な花が咲いている、精一杯咲いてるなと愛おしく思う、昨日まで寒かったのに今日は境内を照らす日差しが優しい、あたたかくていい～気持ちと思う、本殿前で鳩が首を一生懸命動かして歩いている、ユーモラスで可愛くて思わずプッと笑ってしまう、本殿を見上げるとその向こうには青い空がどこまでも広がっている、ああ私は大丈夫とわけもなく安心する……受け取る準備ができれば、神仏の愛情は感動するという形で伝わってきます。

うっかりすると見落としそうな、さりげない小さな感動を大切にし、それを積み重ね、波動を上げていけばもっと神仏と近くなれます。神仏が好きという時点で、皆さんはピュアな心を持っているのですから、あとはコツコツと磨いていくだけなのです。

桜井識子

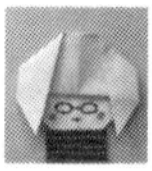

装丁の狛狐を作ってみましょう！

狛狐

デザイン・作図：カミキィ

用意するもの

折り紙 / 大×2 小×1、のり / 1
（通常サイズ）

動画でも公開中！

https://youtu.be/MtYvfIPjfZw

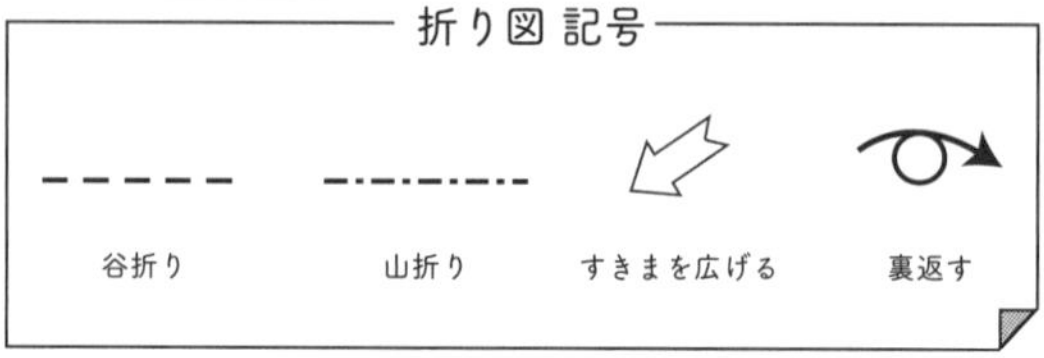

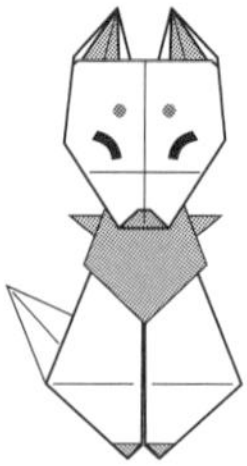

【あたま】

1

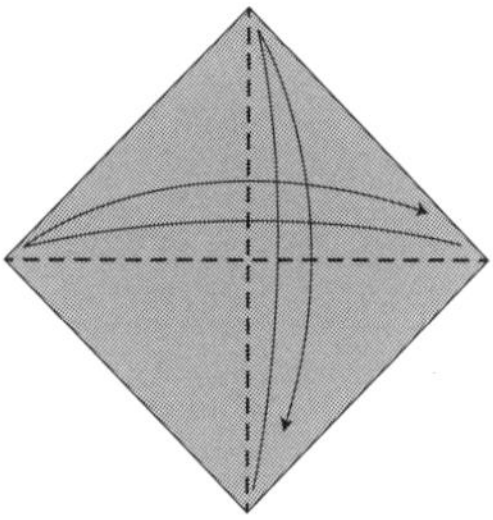

三角に半分にそれぞれ
折って戻す

2

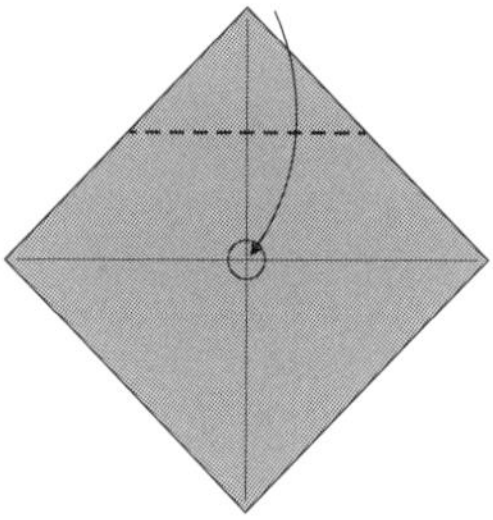

角を中央に
合わせて折る

3

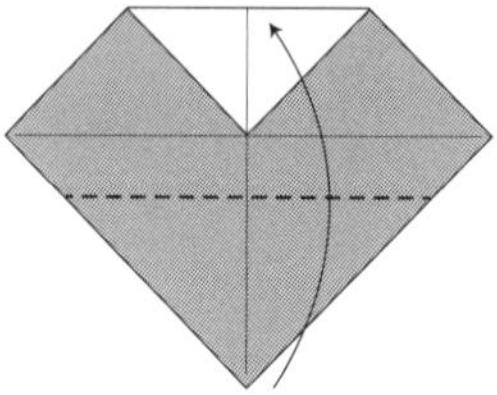

角をふちに
合わせて折る

4

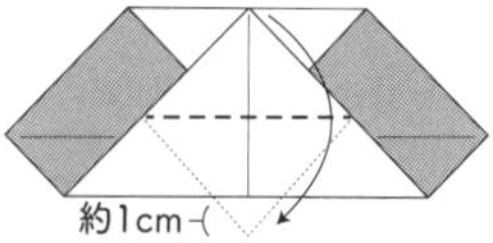

角が少し出るように折る
（1cmちょっと出るように）

5

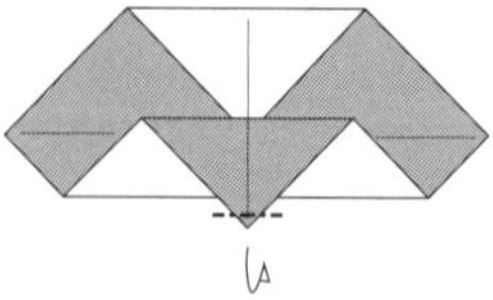

角を少し裏へ折る

6

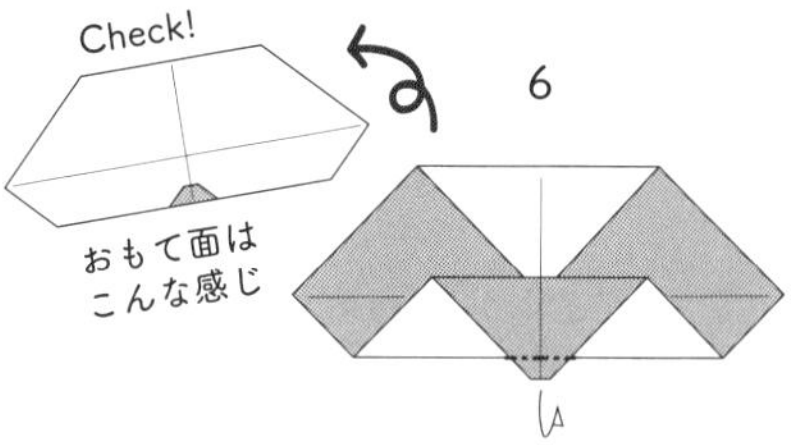

ふちに沿って裏へ折る

7

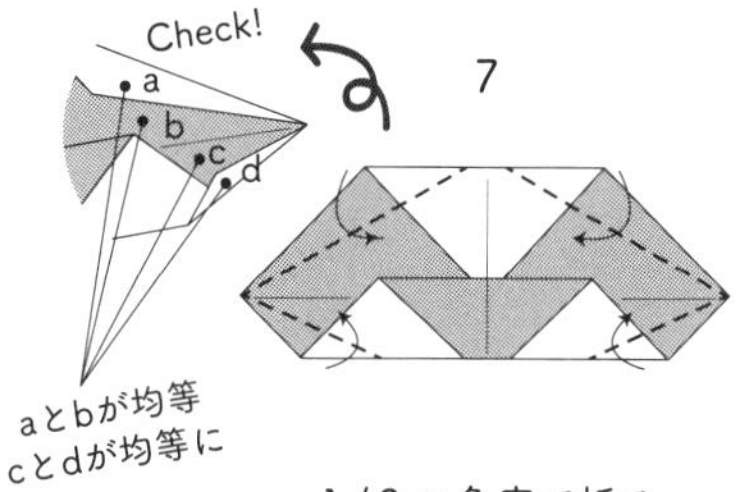

1/3の角度で折る
（山折りの幅が同じ幅になるように）

8

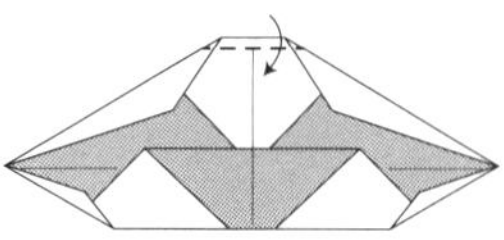

少しの幅で折る
（5mmぐらい）

9

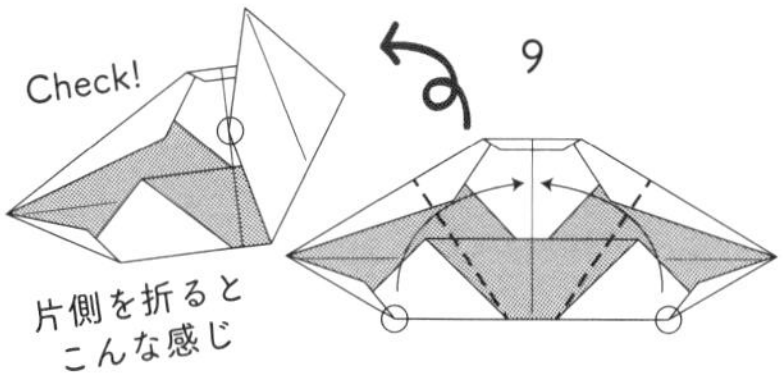

○を中央に合わせて
点線で折る

10

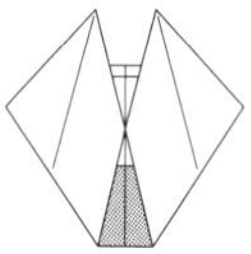

裏返す

11

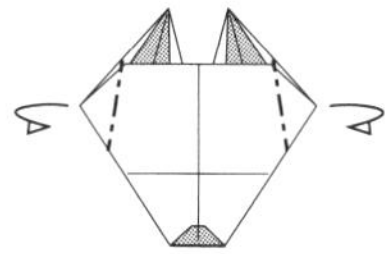

点線で裏へ折る
（少し斜めに角度を付けて）

12

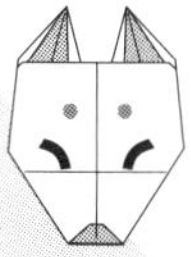

顔を描いて
できあがり！

【からだ】

1

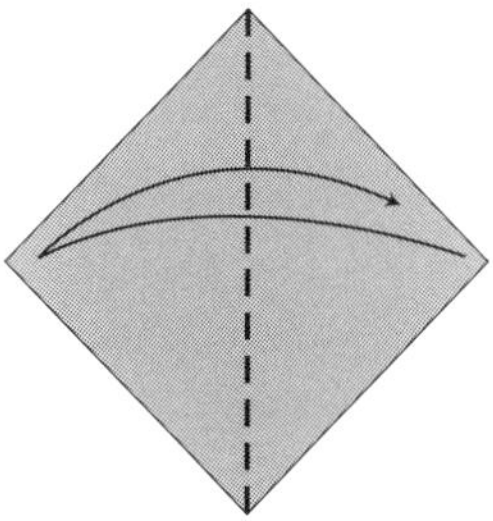

三角に半分に
折って戻す

2

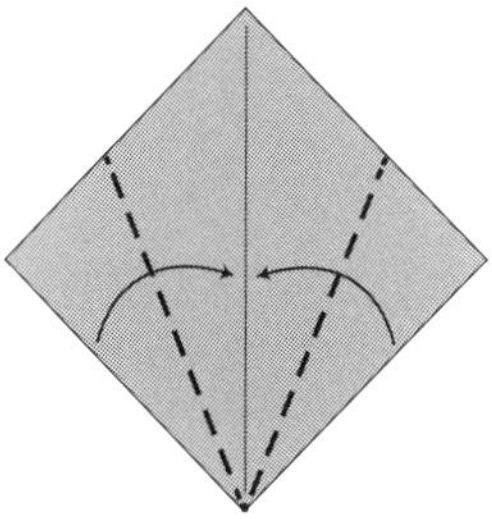

中央にあわせて折る
（真ん中に隙間が空かないように）

3

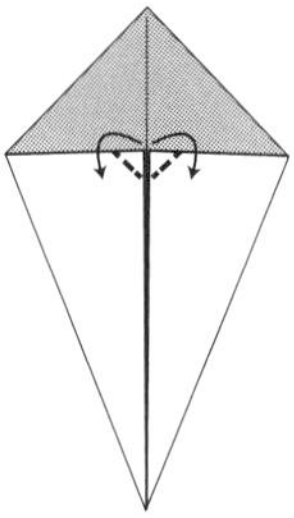

角を少し折る

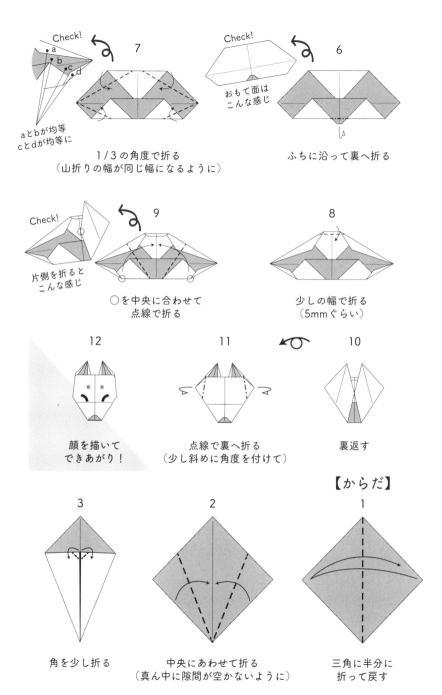

4

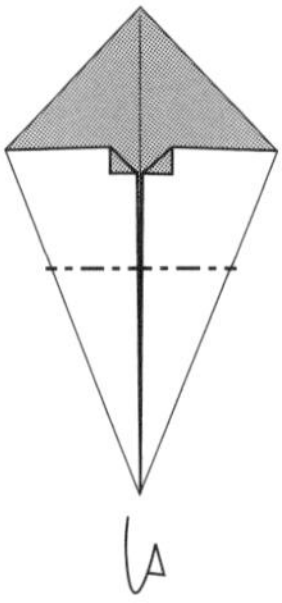

半分に裏へ折る

5

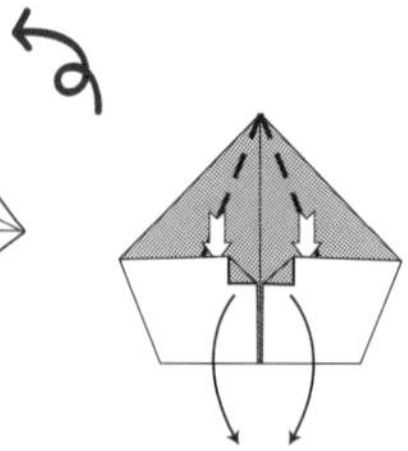

すきまを広げて折る
（矢印のあたりに
指を入れて広げる）

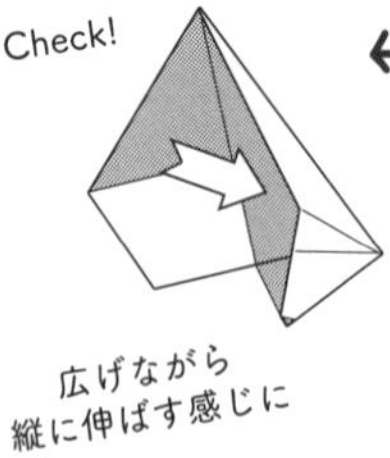

6

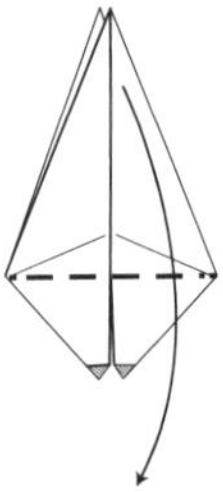

上の一枚を折る

7

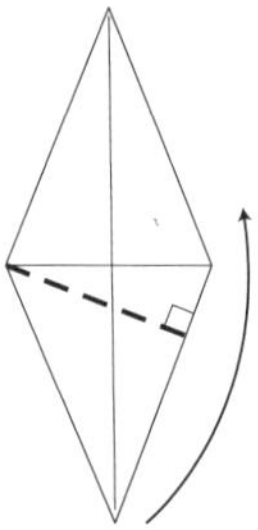

上の一枚を点線で折る

8

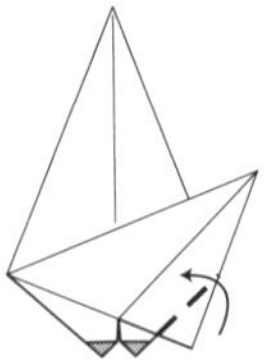

裏のふちに
沿うように折り
裏返す

9

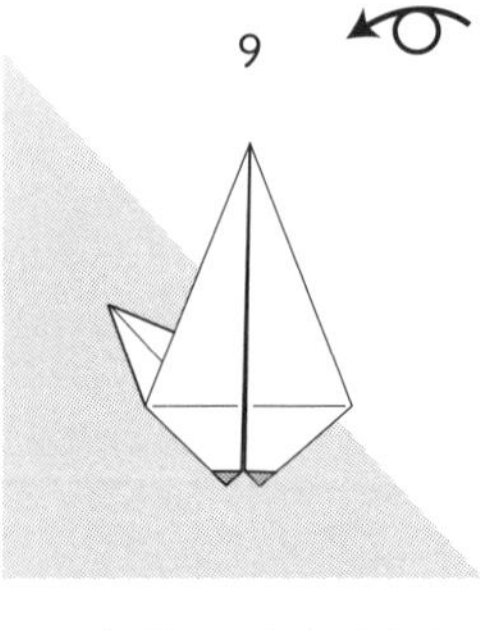

からだのできあがり！

【前掛け】

1

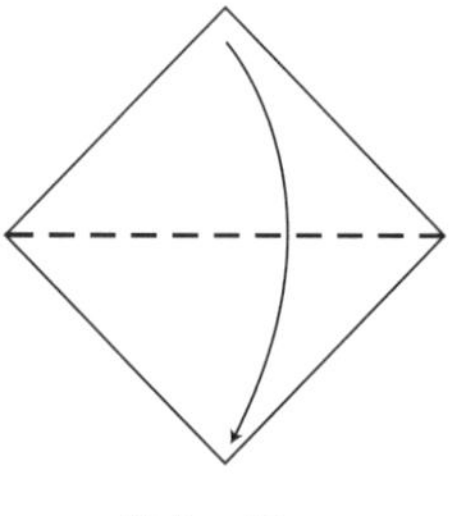

半分に折る

2

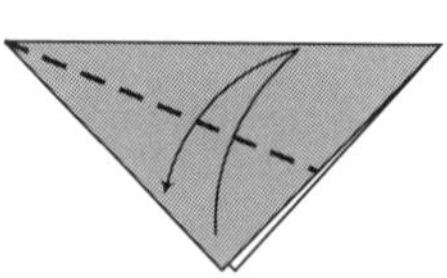

上の一枚をふちにあわせて
折って戻す

3

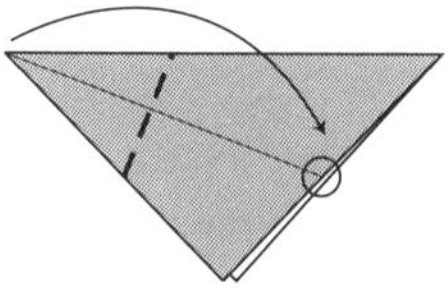

角を○に合わせて折る

4

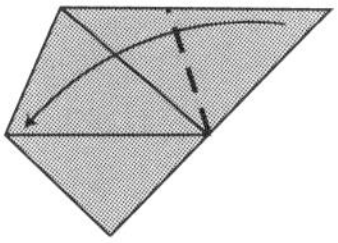

角を角に合わせて折る

5

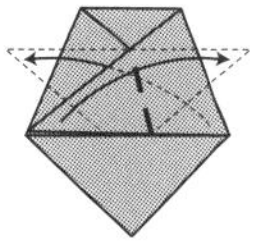

両方の角が
外に出るように折る

6

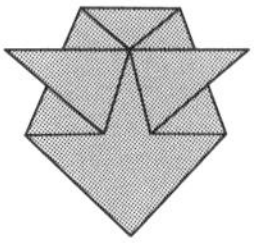

裏返す

7

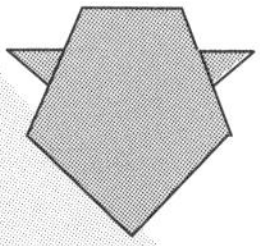

前掛けの
できあがり！

【くみたて】

1

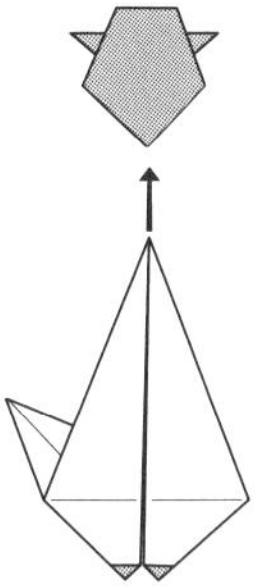

前掛けのすきまに
からだをさしこむ

2

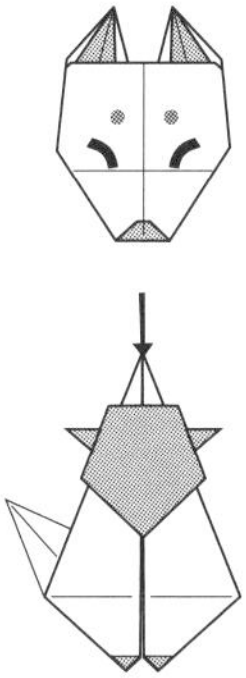

あたまをからだに
のり付け

SNSに投稿
お待ちしてます！

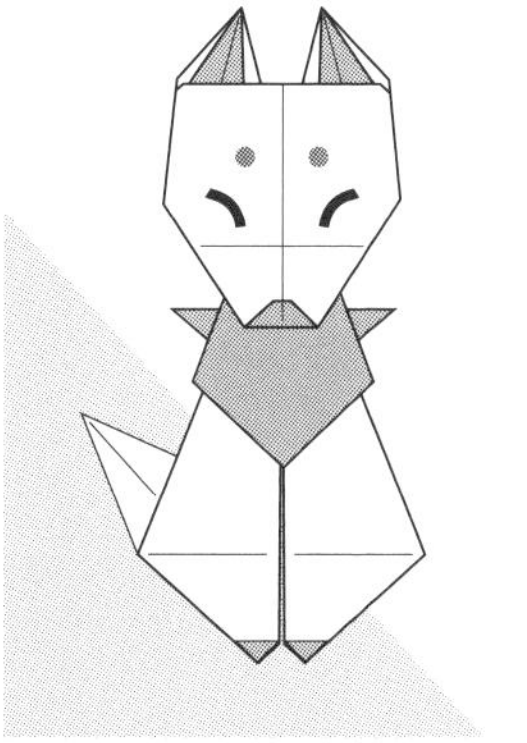

完成！

桜井識子　さくらい　しきこ

神仏研究家、文筆家。

霊能者の祖母・審神者の祖父の影響で霊や神仏と深く関わって育つ。

1,000社以上の神社仏閣を参拝して得た、神様仏様世界の真理、神社仏閣参拝の恩恵などを広く伝えている。神仏を感知する方法、ご縁・ご加護のもらい方、人生を好転させるアドバイス等を書籍やブログを通して発信中。


『和の国の神さま』『開運に結びつく神様のおふだ』(ハート出版)、『神様のためにあなたができること』(PHP研究所)、『神様が教えてくれた縁結びのはなし』(幻冬舎)、『にほんの結界ふしぎ巡り』(宝島社)、『死んだらどうなるの?』(KADOKAWA)など著書多数。

「桜井識子オフィシャルブログ～さくら識日記～」
https://ameblo.jp/holypurewhite/

折り紙：**カミキィ**

YouTube動画や書籍でオリジナルの折り紙作品を公開している折り紙作家。

季節のリース飾りや初心者向けのかわいい作風で女性を中心に幅広い層から支持を集めている。『カミキィの季節のおりがみ』(日本文芸社)

[新装版] 神社仏閣パワースポットで
神さまとコンタクトしてきました

平成27年3月7日　初　版　第1刷発行
平成31年3月10日　初　版　第7刷発行
令和3年11月1日　新装版　第1刷発行

著　者　桜井識子
発行者　日髙裕明
発行所　ハート出版
〒171-0014東京都豊島区池袋3-9-23
TEL03-3590-6077　FAX03-3590-6078

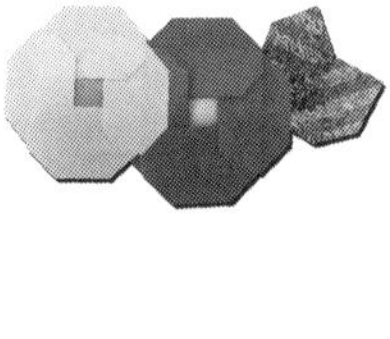

ISBN978-4-8024-0128-9　C0011

印刷・製本／中央精版印刷　編集担当／日髙　佐々木